Robert Misik
Marx für Eilige

ROBERT MISIK, geb. 1966 in Wien, Studium der Volks-
wirtschaft und Geschichte an der Universität Wien, danach Journalist, u. a. für die österreichischen Nachrich-
tenmagazine »Profil« und »Format«, die taz, Berliner
Zeitung, Frankfurter Rundschau, den Wiener FALTER.
Robert Misik ist Mitbegründer der Demokratischen Of-
fensive und war als solcher einer der Organisatoren des
großen zivilgesellschaftlichen Aufbruchs gegen die Regie-
rungsbeteiligung der rechtspopulistischen FPÖ.

Bücher: Mythos Weltmarkt (1997), Die Suche nach
dem Blair-Effekt (1998), Republik der Courage. Wider
die Verhaiderung (Hrsg., 2000, gemeinsam mit Doron
Rabinovici), Genial dagegen (2005), Das Kult-Buch
(2007).

1999 und 2000 erhielt er den »Bruno-Kreisky-Preis für
das politische Buch«.

Wollten Sie auch schon immer das »Kapital« lesen? Dann
liegen Sie absolut im Trend: Marx wird augenscheinlich
die Wiederentdeckung des Jahrzehnts. Die Manager wie
die Kritiker der globalisierten Wirtschaftsabläufe entdek-
ken neuerdings in seinen Ideen den besten Schlüssel zum
Verständnis der heutigen Zeit.

Der ausgewiesene Marxkenner Robert Misik entrüm-
pelt den unbestritten einflußreichsten deutschen Denker
und führt uns souverän durch das schwergewichtige
Werk, so daß wir das »Kapital« mühelos verstehen werden, wenn wir es eines Tages tatsächlich lesen.

Robert Misik

Marx für Eilige

aufbau taschenbuch

AUFBAU VERLAGSGRUPPE

ISBN 978-3-7466-1945-3

Aufbau Taschenbuch ist eine Marke
der Aufbau Verlagsgruppe GmbH

3. Auflage 2007
© Aufbau Verlagsgruppe GmbH, Berlin
© Aufbau Taschenbuch Verlag GmbH, Berlin 2003
Einbandgestaltung Preuße & Hülpüsch Grafik Design
unter Verwendung eines Fotos von www.schein.de,
mit freundlicher Unterstützung des Lapidariums, Berlinische Galerie
Druck und Binden AALEXX Druck GmbH, Großburgwedel
Printed in Germany

www.aufbau-taschenbuch.de

Für Moritz und Noah

Inhalt

ANHANG

Lebendig nach dem Tod
Oder: Warum Marx wiederkommt

Es ist auf den ersten Blick ein höchst bizarrer Vorgang: Am Beginn des 21. Jahrhunderts, 120 Jahre nach seinem Tod und eine gute Dekade nach dem Kollaps jener Regime, die sich auf sein System berufen hatten, scheint eine neue Marx-Renaissance bevorzustehen. Ausgerechnet in seiner »Christmas-Special«-Ausgabe vom 21. Dezember 2002 widmete sich der britische »Economist« – gleichsam das Zentralorgan der Freunde der kapitalistischen Produktionsweise – der Frage »Marx nach dem Kommunismus« und kam zu dem erstaunlichen Schluß: »Als eine Regierungsform ist der Kommunismus tot. Aber als ein System von Ideen ist seine Zukunft gesichert.« Marx habe immer noch ungebrochenen Einfluß und der, so das unerwartete Urteil der britischen Radikalliberalen, komme ihm auch zu, trotz aller Fehler und Irrtümer, die sich in seinem Werk finden mögen. Kaum jemand habe derart vorhergesehen, wie der Kapitalismus die Welt verändern würde, und dies fordere »zumindest Respekt vor dem erstaunlichen Weitblick und der intellektuellen Ambition dieses Denkens«.

Bereits zur Jahrtausendwende hatte eine Umfrage der BBC, wer denn der bedeutendste Mann oder die bedeutendste Frau des Millenniums sei, ein recht überraschendes Ergebnis erbracht. In der Kategorie »größter Denker« lag Marx klar vorne – gefolgt von Einstein, Newton und Darwin. Und das US-Magazin »New Yorker« hatte schon 1997 prophezeit, Karl Marx werde bald wieder ganz en vogue sein, ihn in einer Sonderausgabe gar zum »nächsten großen Denker« erklärt, da dessen Analyse des Kapitalismus so aktuell wie konkurrenzlos sei. »Je länger ich an der Wall Street bin, desto stärker wird meine Überzeugung, daß Marx recht hatte«, urteilte ein reicher Investmentbanker und fügte hinzu: »Ich bin absolut sicher, daß Marx die beste Sicht auf den Kapitalismus hatte.«[1]

Ein Urteil, auf das sich der deutsche Universalgelehrte Hans Magnus Enzensberger kürzlich mit dem einstigen Wirtschaftsressortleiter der »Frankfurter Allgemeinen Zeitung«, dem überzeugten Neoliberalen Hans D. Barbier, schnell zu einigen vermochte. Daß wir einen Marx für das 21. Jahrhundert dringend bräuchten, war unter den beiden weisen alten Herren weitgehend unumstritten. »Über den alten Marx mag man denken, was man will, aber seine Analyse, seine Prognose der Globalisierung war genial. Wie ein großer Dekonstruktionskünstler hat er auseinandergenommen, was er vorgefunden hat«, formulierte Enzensberger und fügte hinzu: »Daß es heute niemanden zu geben scheint, der uns neu zu denken gibt, sei es anhand von Horrorvisionen oder Verheißungen, ist sehr schade. Ich spüre eine intellektuelle Lücke.«[2] Mag auch allerorten Erleichterung über den Zusammenbruch eines doktrinären Marxismus herrschen, beschleicht die Klügeren unter den Marx-Kritikern doch eine Art tragisches Bewußtsein. So äußerte der britische Wirtschaftshistoriker und Keynes-Biograph Lord Robert Skidelsky, der Kollaps des Marxschen Systems »ist eine Befreiung, hinterläßt aber auch ein gewisses Verlustgefühl«[3].

Marx ist also ganz offenbar nicht totzukriegen. Kapitalisten empfehlen anderen Kapitalisten, Marx zu lesen, große Geister wünschen sich endlich eine Gesellschaftsanalyse, die es mit dem Marxschen Format aufzunehmen vermöchte – und gutsituierte junge Leute aus besten Verhältnissen rebellieren gegen einen zunehmend entgrenzten, beschleunigten, globalisierten Kapitalismus, reisen den Herren der Welt zu ihren Gipfeltreffen nach, legen Innenstädte in Trümmer oder versammeln sich in der brasilianischen Provinz zum »Weltsozialforum«. Die Braveren rufen: »eine andere Welt ist möglich«, die Radikaleren skandieren: »Capitalism kills«; und dies, wohlgemerkt, zehn Jahre, nachdem der Kapitalismus zur konkurrenzlosen Gesellschaftsordnung wurde, alle Mauern zum Einsturz gebracht und seine letzten Grenzen überwunden hat.

Es drängt sich also auf, die verstaubten Bände des brillantesten Analytikers und schärfsten Kritikers dieses Systems wieder aus den Regalen zu holen. Zwar würden sich nur wenige heute als Marxisten bezeichnen, doch die Marxschen, oder besser: die von Marx inspirierten Theorien und Denksysteme sind in gewissem Sinne frischer denn je. Entschlackt von den vielen Ungenießbarkeiten, die dem Marxismus als Herrschaftsdoktrin bis zur Unerträglichkeit beigemengt wurden, kann man sich nun weitgehend vorurteilsfrei den Marxschen Gedanken annähern. »Der Tod ist gewissermaßen der Jungbrunnen des Marxismus«, schreiben die US-Theoretiker Michael Hardt und Kathi Weeks. »Jedesmal, wenn das Ableben des Marxismus bekanntgegeben wird, folgt eine Re-Inter-

pretation von Marx' Werk, eine Neubewertung dieser Tradition und, was das Wichtigste ist, wird die Doktrin durch
neue Probleme ersetzt. Der Tod scheint dem Marxismus
ein neues Leben zu eröffnen.«[4]

Sowohl die Fülle als die Unfertigkeit des Marxschen
Œuvres erleichtern diese ewige Erneuerung. Abgesehen
von der ökonomischen Analyse, die er noch zu seinen Lebzeiten abgeschlossen bzw. weitgehend zu einem System
ausformuliert hatte, so daß Friedrich Engels nach Marx'
Tod die Bände zwei und drei des »Kapitals« relativ mühelos
aus den Manuskripten fertigstellen konnte, blieben viele
Aspekte der Marxschen intellektuellen Revolution offen:
seine Ideologietheorie, seine Geschichtsphilosophie, seine
Staatstheorie und sein dialektisches Prinzip. Diese hatte er
nie in einem endgültigen System dargelegt, sondern nach
und nach in polemischer Auseinandersetzung mit geistigen
Strömungen seiner Zeit, oft in tagesaktuellen Schriften,
entwickelt. Seine Texte waren reich an Gedanken, aber
auch offen – für Mißinterpretationen, für geistige Geisel-
nahme, aber eben auch für neue Interpretationen. Diese
Offenheit und Fähigkeit zur Erneuerung ist freilich nicht
nur eine gleichsam unintendierte Folge von Marx' frühem
Tod, weil der ihn daran hinderte, seine Gedanken systema-
tisch auszuformulieren, sondern sie ist im Marxschen
Unternehmen immanent angelegt. Denn Marx' Werk ist
– um es mit Engels' Worten zu sagen – im Kern von der
Überzeugung geleitet, »daß die Welt nicht als ein Komplex
von fertigen *Dingen* zu fassen ist, sondern als ein Komplex
von *Prozessen*«[5]. So ist die Unfertigkeit gewissermaßen ein
notwendiges Resultat des Marxschen geistigen Abenteuers.

Die Erneuerbarkeit und Reanimierbarkeit von Marx Gedanken, deren Anschlußfähigkeit an neue Probleme, ist die Voraussetzung jeder Aktualisierung, die notwendige Bedingung einer jeden Marx-Renaissance. Sie reicht dafür freilich nicht aus. Herrschte in der Welt nicht das Bewußtsein vor, daß sie vor neuen Problemen steht, die schwer zu begreifen und noch schwerer zu lösen sind, wäre unsere Zeit mit sich völlig im reinen, dann würde das Interesse an Marx sich auf eine allein literarische, geistesgeschichtliche Lektüre bescheiden. Dann wäre Marx so lebendig wie Tutenchamun oder Thomas von Aquin – er wäre vielleicht ein Objekt bildungsbürgerlicher Beflissenheit, aber keine Herausforderung mehr: Es wäre so absurd, sich einen neuen Marx zu wünschen, wie es grotesk ist, von einem Tutenchamun für das 21. Jahrhundert zu träumen.

Brisant ist die Marxsche Hinterlassenschaft jedoch aufgrund des Epochenbruchs, in dem wir stehen, jener Zeitenwende, die alle spüren und die kaum jemand auf den Begriff zu bringen vermag, die aber eine erstaunliche Gier nach Weltdeutung zur Folge hat. Die zahllosen Studien und Bücher über den »Durchbruch zur Weltgesellschaft« und die »Krise der Arbeit«, das »globale Zeitalter« und die »Wissensökonomie«, über die »Ökonomisierung aller Lebensbereiche«, den globalisierten »Casinokapitalismus« und die »Krise der Nationalstaaten« füllen bereits ganze Bibliotheken, und es finden sich in diesem Fundus der neueren Gesellschaftsanalysen erstaunliche Arbeiten wie der vieldiskutierte Theorieband »Empire« von Michael Hardt und Antonio Negri[6] und solch ambitionierte Großstudien wie das dreibändige Werk »Das Informationszeitalter« des spanischstämmigen Berkeley-Professors Manuel Castells. Dieser beschreibt minutiös den neuen Innovationsschub, der keinen Stein auf dem anderen beläßt, Produktion in ein Netzwerk von Strömen verlagert und alle Menschen und Völker an einen Maschenraum anschließt, der Mega-Städte, Innovationszentren, Konglomerate umfaßt: »Die Netzwerke bilden die neue soziale Morphologie unserer Gesellschaften«, schreibt er.[7] Das erstaunlichste an diesen intellektuellen Großversuchen sind aber gar nicht so sehr die Bücher selbst, sondern die bemerkenswerte Rezeption, die sie erfahren. Sie wären nichts ohne den Hunger des Publikums, den sie zu stillen versuchen. Es gibt ein Bedürfnis, das Funktionieren der Welt zu verstehen – der ganzen Welt, nicht nur einzelner Aspekte oder Sub-Systeme.

Doch dieses Bewußtsein, an der Schwelle zu einer neuen Etappe in der Menschheitsgeschichte zu stehen, kontrastiert auf seltsame Weise mit einem Gefühl der geschichtlichen Leere. Wir leben in der Totalherrschaft der Gegenwart. Zukunft in einem eminenten Sinn ist – just zum Anbeginn eines neuen Jahrtausends – vom Horizont verschwunden. Alles, was wir mit ihr verbinden, ist letztlich ein »mehr desselben«, ein *more of the same*, wie die Briten sagen. Das treibt oft paradoxe Blüten: So haben es die Ökologiebewegung und die Technologiekritik vermocht, für jeden ganz einsichtig zu machen, daß der Weltuntergang, eine atomare Apokalypse etwa, wenn schon nicht wahrscheinlich, dann doch zumindest eine mögliche, realistische Aussicht seien, die sich jeder vorstellen kann; gleichzeitig scheint den allermeisten völlig undenkbar, daß auch nur Details an der Funktionslogik

des globalen Kapitalismus verändert werden können. Daß
der Kapitalismus ewig ist, scheint unabweisbar; was die
Erde betrifft, ist das nicht so sicher.

Kurzum: Eine gesellschaftliche Neuerung, wie sie Marx
beschrieben hat, die dem Willen selbstbewußter Subjekte
entspringen würde, ist heute weitgehend aus dem ge-
danklichen Horizont der westlichen Gesellschaften ent-
schwunden. Deshalb sind alle Analysen, noch die ambi-
tioniertesten, so seltsam lau, verstärkt jeder Versuch, sich
auf die Höhe unserer Zeit aufzuschwingen, den intellektuellen Phantomschmerz. Darum müssen förmlich alle
Versuche, sich an Marx zu messen, scheitern. Denn dieser
junge Mann aus einer frisch assimilierten jüdischen Familie, der sich in den frühen vierziger Jahren des 19. Jahrhunderts – gerade erst 25 Jahre alt – daran machte, die
Philosophie und die ökonomische Wissenschaft seiner
Zeit zu revolutionieren, und der in nicht viel mehr als den
zweieinhalb Dekaden, die darauf folgten, dem Denken
förmlich einen neuen Kontinent eroberte, lebte doch in
einer anderen Art von Epoche: Sie hatte ein Bewußtsein
davon, daß sie eine Wendezeit sei, die alle Brücken in die
Vergangenheit abreißen würde, sie war aber auch beseelt
von der Zuversicht, daß mit ihr die *Vorgeschichte der
Menschheit*, die Zeit der Borniertheit, Unaufgeklärtheit,
Unwissenheit und der Unfähigkeit der Menschen, ihre
Geschicke selbst zu bestimmen, ein Ende nehmen würde.
Diese frischfröhliche Zukunftszuversicht ist den Heutigen gründlich ausgetrieben worden. Mit ihr ist auch jenes
eminente Beginnergefühl, die geistige Rücksichtslosigkeit, jenes revolutionäre Genie verlorengegangen, ohne
die das Marxsche Abenteuer nicht denkbar gewesen wäre.

Die Darstellung der Marxschen Gedanken- und Lebenswelt, die auf den folgenden Seiten versucht wird, erhebt keinerlei Anspruch auf Vollständigkeit. Wer genau wissen will, was Marx sich unter »Diktatur des Proletariats« vorstellte und welche Maßnahmen er vorschlug, die die siegreiche Arbeiterklasse sofort nach erfolgreicher Revolution durchzuführen habe, wird hier kaum fündig werden; warum Marx glaubte, daß schon in der kapitalistischen Dynamik die Bedingungen geschaffen würden – etwa durch die zunehmende Kooperation innerhalb des vielfach kombinierten Arbeitsprozesses, die eine sozialistische Reorganisation des Gesellschaftslebens förmlich erzwingen werden, wird auch nur kursorisch gestreift, ebenso die Vorhersage der notwendig zunehmenden »Verelendung« der Arbeiterklasse. Dafür versuche ich jene Aspekte der Marxschen Hinterlassenschaft zu entstauben, die frappierend aktuell für unsere Gegenwart sind. Was kann uns der Marxsche Begriff der *Entfremdung* über die seltsame Übellaunigkeit sagen, der wir allerorten in unseren Gesellschaften begegnen? Welche inneren Bewegungsgesetze zwingen den Kapitalismus, wie ein Wirbelwind über den Globus zu fegen und jede Grenze, an die er stößt, zu überwinden? Und was ist dieser Kapitalismus überhaupt? Keine oktroyierte Ordnung, sondern ein Zusammenhang, der sich aus den Verhältnissen, die die Menschen eingehen, gleichsam wie von selbst ergibt – ein Netzwerk aus Beziehungen von Beziehungen, ökonomischen und sozialen Wechselwirkungen, das, obwohl von Menschen gemacht, den Menschen als schier unveränderbares Äußeres gegenübertritt, als System, beseelt mit einem Eigensinn, an dem sich nicht nur die Macht der

Schwachen, sondern letztlich auch die der Starken bricht. Und warum ist dieses System des Kapitalismus so erfolglos und erfolgreich zugleich? Warum schafft es Reichtum, während es viele ins Elend stürzt und Millionen in Lebensbedingungen beläßt, unter denen sie leiden? Und warum ist es dennoch auf kolossale Weise stabil, segelt, als wäre es auf Autopilot gestellt, durch die Zeit und die ihm immanenten Krisen und kann selbst noch darauf zählen, daß sich die meisten der Ausgeschlossenen mit ihrer Lage abfinden, ja sogar in stillem Konsens diesem System zugetan sind und auf nichts mehr hoffen, als zum kapitalistischen Orbit Zugang zu erlangen?

Auf diese Fragen gibt uns der »lebendige« Marx immer noch die besten Antworten – wenngleich natürlich nach Marx auch andere Jahrhundertdenker diese Fragen weitergesponnen haben, ohne deren Beiträge jeder Versuch, unsere Zeit in Worte zu fassen, sinnlos wäre. Zu denken ist dabei etwa an Max Webers Studien über die moderne Gesellschaft, an Sigmund Freuds Entdeckungen der Funktionsweise der menschlichen Psyche und an John Maynard Keynes Revolutionierung der Wirtschaftswissenschaften – um nur drei zu nennen.

Ohne Zweifel ist Marx eine außerordentliche, seltsame Gestalt. Kaum erwachsen, aber groß geworden in den Begriffen der Hegelschen Philosophie, hatte er sich im wesentlichen innerhalb von nur fünf Jahren – zwischen 1843 und 1848 – aus der bisherigen geistesgeschichtlichen Welt herausgearbeitet und die Basis seines neuen Denksystems gelegt. Damals stand Marx gerade in der zweiten Hälfte seiner Zwanziger. »Kein Denker des 19. Jahrhunderts hat so unmittelbar ... und machtvoll auf die Menschen gewirkt wie Karl Marx«, schrieb der liberale britische Philosoph Isaiah Berlin in seiner noch immer lesenswerten Marx-Studie.[8] Und dies, obwohl er den Großteil seiner Lebenszeit weitgehend zurückgezogen in London zwischen Manuskripten, Aktenstapeln und Büchern im British Museum verbracht hat. Unter den Revolutionären seiner Zeit war er eine merkwürdig einsame Figur. Er hat jeden großen Weltverbesserergestus, der sich nur von ethischen Idealen leiten ließ, jede romantische Utopistik – wie sie die sozialistischen und radikaldemokratischen Strömungen seiner Zeit prägte – böse verspottet. Zwar war auch Marx bewegt von einem starken moralischen Pathos. Aber für ihn war jeder Aktivismus, der sich nur auf den gefühlsgeleiteten Wunsch nach einer besseren Gesellschaft stützen konnte, reine Donquichotterie und kleinbürgerliche Schwärmerei. Er wollte die Wirklichkeit ernst nehmen, sich nicht gegen sie stemmen. So entwickelte er eine Methode sozialer Analysen, gewissermaßen mit kühlem Kopf und scharfen Blick, die heute noch unübertroffen sind und Verständlichkeit, Wirklichkeitssinn und Detailarbeit mit einer klaren moralischen Position und Gerechtigkeitssinn verbinden.

Jede Zeit setzt sich mit einem lange verstorbenen Autor auseinander, indem sie sich mit ihren eigenen Problemen auseinandersetzt. Die Philosophie *überwindet* eine ältere Philosophie, weil die Problemlagen überwunden sind, die diese Philosophie sich gestellt hat. Und jede Zeit liest Marx auch mit anderen, mit ihren eigenen Augen. Ich habe mich in den vergangenen zwei Jahrzehnten mit Marx beschäftigt, seine Bücher zeitweise beiseite gelegt, sie aber auch immer wieder aufs neue zur Hand genommen – und immer etwas anderes entdeckt. Auch das ist ein Hinweis auf die Lebendigkeit, auf den Facettenreichtum seines Werkes. Vor allem aber auf eines: Noch ist Marx nicht *überwindbar*. Ganz egal, ob einem das gefällt oder nicht: Die Verhältnisse, sie sind nicht danach.

Solange das so ist, wird Marx immer wieder aufs neue neu entdeckt werden.

Frankenstein
Oder: Der entfremdete Mensch

Vom »frühen Marx« zur »Abrechnung«
mit der Philosophie

Daß etwas faul ist in unserer Welt, wurde pünktlich zum jüngsten Millenniumswechsel fast wieder zum Gemeingut zwischen Berlin und Neu-Delhi, Davos und Porto Alegre, New York und Wien. Globalisierung und Informationszeitalter, die neuen technologisch-industriell-organisatorischen Revolutionen steigerten die Reichtümer und ebenso die allgemeine Wohlfahrt – wenngleich auch den Abstand zwischen Gewinnern und Verlierern im globalen kapitalistischen Casino –, doch mit der Ausbreitung der Warenwelt über alle bisher gekannten Grenzen hinaus wuchs die schlechte Stimmung. Und zwar nicht nur unter jenen, die aus den Palästen des Kommerzes ausgeschlossen sind, sondern auch unter der westlichen Mittelstandsjugend, unter Aufsteigern, unter den Heroen des neuen Zeitalters – den gut qualifizierten Wissensarbeitern, den globalisierten Eliten, den gewandten, schicken und emsigen Bewohnern der Metropolen. Mit feurigen Anklagen gegen den Kapitalismus schafft man es heute spielend in die Bestsellerlisten.

Die Kinder des Wohlstandes selbst wollen mehr sein als bloße Agenten der kommerziellen Apparatur. Wobei auch die Philippika zum Produkt wird und die No-Global-Bewegung zum Zirkus, mit ihren Jung-Stars und Celebrities: so brachte es die kanadische Autorin Naomi Klein zu beinahe ebensolcher globaler Prominenz wie ihre Namensschwester Naomi Campbell und landete einen Publikumsrenner mit ihrem Buch »No Logo«, in dem sie Konsumwut und Markenterror, Kommerz und die neuen aggressiven »Branding«-Methoden der Werbung anprangert.

Wer sich umblickt in den Shopping-Malls und Edelstahl-Kneipen, sieht wunschlose Depression. Mitten in allem Überfluß tut sich eine Leere auf, in der sich der Mensch verliert. Noch der bewußtloseste Zeitgenosse empfindet ein Unglück im Glück.

Gewiß: Wenn diese mehr untergründige als bewußte Unlust Worte findet, endet das oft im Kitsch, bestenfalls in Radical Chic. Daß »der Mensch« doch mehr sei als Unternehmer seiner selbst und Konsument, um seine Langeweile zu narkotisieren, ist eine ebenso simple wie allgemein anerkannte Gewißheit, und wer es vermag, die Diskrepanz zwischen diesem metaphysischen menschlichen *Wesen* und der Realität der gegenwärtigen menschlichen Existenz in einige flotte Zeilen zu zwingen, der kann mit einem tollen Einkommen rechnen. »Mensch ist Mensch«, heißt es in dem eingängigen Song, der den kundigen Barden Herbert Grönemeyer Anfang 2003 in die Charts brachte, »weil er lacht«, »und weil er hofft«, und »weil er lebt«. Lachen, hoffen, leben, lieben – Charakterrelikte, die sich gegen Kommerzialisierung sträuben und die sich eben darum bestens vermarkten lassen.

Daß es neben der global organisierten Globalisierungsgegnerschaft eine »stille, private und gerade deshalb ernstzunehmende Verweigerung« unter ihren Altersgenossen gibt, hat die junge Schriftstellerin Juli Zeh unlängst in einem »Spiegel«-Essay mitgeteilt und damit viel Aufsehen erregt. Darin hat sie von bestens ausgebildeten jungen Leuten berichtet, denen glanzvolle Karrieren winken und die dennoch überlegen, »zum Jahresende zu kündigen«. Sie zitiert ihre Freunde mit den Worten, »alles Wichtige ist unkäuflich«, und kommt zu dem Schluß, die junge Generation, »als Vorbote einer künftigen Gesellschaft gern mikroskopiert, wendet sich entgegen den Prognosen nicht einem immer oberflächlicheren, konsumorientierten und sinnentleerten Dasein zu«[9]. Es gibt ein ganz offenkundiges Unbehagen in der Konsumkultur.

Daß ein schwieriges, ebenso sperriges wie verworrenes Buch wie »Empire« von Michael Hardt und Antonio Negri einen wahren Theorie-Hype auslöste, ist auch zuvorderst einmal Indiz dieses Unbehagens. In studentischen Proseminaren zwischen Berkeley und Madrid, Rio und Berlin-Mitte wurde die avancierte Analyse des globalisierten Kapitalismus zum Schlager des Jahrzehntes. Changierend zwischen Theoriemix und Erweckungsprosa, schildern die Autoren den Selbstlauf des globalen Systems, wie dieses sich »den gesamten Bereich des Lebens«[10] unterwirft und wie eine Revolte dagegen keimt – eine Revolte vieler rebellischer Subjekte, die nichts vereint, außer: daß sie nicht bloße Räder der kapitalistischen Maschinerie sein wollen.

Doch nicht nur in dieser seltsamen Mißstimmung, nicht nur in der stillen, angewiderten Abkehr der Verweigerer Juli Zehs, nicht nur in der von Zehntausenden gelesenen Beschwörung der Revolte, die Michael Hardt und Toni Negri beschreiben, wird eine menschliche Fülle gegen die Leere der Geschäftswelt in Stellung gebracht. Der kritisierte neueste Kapitalismus will die vollentwickelte Persönlichkeit, mit Haut und Haaren, nicht nur den auf ein paar Handgriffe reduzierten Teilarbeiter der frühen Epochen dieser Produktionsweise. Die Leitfigur des Zeitalters ist der kreative, selbstverantwortliche Mitarbeiter, der Arbeitnehmer als Unternehmer seiner selbst, der seine schlummernden Potenzen entwickelt, zu seinem Besten – vor allem aber zum Wohl des Unternehmens. Selbstverwirklichung ist ihm keine Verheißung, sondern eine Pflicht.

Der glückliche Arbeitnehmer, beseelt von positiver Unruhe, fähig quer zu denken, leger, fröhlich und unrasiert, ist die Idealfigur aller modernen Unternehmensberatung. Der Arbeitnehmer soll nicht nur für Lohn oder Gehalt klar ausgehandelte Tätigkeiten verrichten, sondern Gefühle, Phantasie, Ideale investieren – sich selbst als allseitig entwickeltes Individuum, und das am besten rund um die Uhr. Mark Siemons verdanken wir viele dieser Einsichten in das »Wesen des neuen Angestellten«.[11]

Das Ergebnis dieser Wende ist eine doppelte Paradoxie. Selbstverwirklichung wird einerseits endgültig zum allseits postulierten Prinzip; das Bedürfnis nach Verwirklichung im Berufsleben gerät zu einem allgemein erstrebten Ziel – einem Ziel, das andererseits nur in den seltensten Fällen erreicht werden kann. Um so schmerzhafter spürbar wird die Diskrepanz. Zivilisationskrankheiten wie Depressionen, alterstypische Melancholien wie die Midlife-Crisis wachsen aus diesem Graben zwischen Anspruch und Wirklichkeit: Wie immer man es drehen und wenden mag, die Menschen haben eine Vorstellung davon, was ihnen als menschlichen Wesen zusteht, was ein gelungenes menschliches Leben ausmacht: erfüllte Beziehungen, eine sinnvolle Tätigkeit, die ihre Potentiale fordert und fördert, ein kooperatives Verhältnis mit ihren Kollegen, Ansporn und Anerkennung durch ihre Mitmenschen. Sie fragen sich gar nicht viel, was das Wesen des Menschen ist. Sie haben davon eine Art spontanes Wissen.

Schon vor etwas mehr als eineinhalb Jahrhunderten saß ein junger Mann im Pariser Exil und hing ähnlichen Vorstellungen an. Sich mit den Begriffen der Hegelschen Philosophie auseinandersetzend, versuchte er schreibend in das Zentrum dieser offenen Frage nach dem Wesen des Menschen einzudringen. Dieser Mann hieß Karl Marx, war damals noch nicht einmal 26 Jahre alt – und hatte dennoch schon ein bewegtes Vorleben in den Zirkeln erneuerungswütiger Intellektueller und als streitbarer radikaldemokratischer Publizist der »Rheinischen Zeitung« hinter sich. Ein genialer junger Mann, frisch verheiratet, beseelt von jenem Beginnergefühl, das seiner Zeit – dem Vormärz, in dem sich die künftigen Revolutionen schon ankündigten – ihr Gepräge gegeben hatte. Später sollten die Historiker diese Jahre die »Epoche der Doppelrevolution« nennen, in der die industrielle Revolution und die demokratischen Aspirationen kräftig zur Macht drängten.

Daß Bilder ihre eigene Realität produzieren, ist für aufgeklärte Geister, die in moderner Medienkritik geschult sind, ein bekanntes Phänomen. Unsere Vorstellung von Marx ist geprägt von dem berühmten Foto des alten Mannes – hohe weiße Stirn, enge Augen, buschige Brauen, graue Mähne, weißer Rauschebart, soigniert, gesetzt, und doch wuchtig. Dem steht kein Bild vom jungen Marx gegenüber. Marx in seinen Zwanzigern haben wir uns als etwas hektischen Heißsporn vorzustellen, dichte, schwarze Mähne am Kopf, dunkler Teint – »Mohr« sollten ihn seine Kinder später rufen –, »die Hände mit Haaren bedeckt«, wie ein Zeitgenosse schrieb, zu Übermut neigend, streitsüchtig, blitzgescheit und vor allem: ausgestattet mit einem seltenen literarischen Talent. Marx war von »verletzender, unerträglicher Arroganz des Auftretens« und redete mit »metallischer« Stimme. Er stieß ein wenig mit der Zunge an und sprach zu jener Zeit »noch den unverfälschten rheinischen Dialekt«. Wenn dieser junge Mann, so berichtete ein halbes Jahrhundert danach der spätere deutsche Sozialistenführer Wilhelm Liebknecht, von der »Befreiung der Arbeiter« sprach, dann klang es für ein in diesem Idiom ungeübtes Ohr wie »Befreiung der Achtblättler«[12].

Einen erstaunlich weiten Weg hatte dieser junge Mann in gerade zehn Jahren zurückgelegt. Geboren 1818 in Trier, als Sohn des Rechtsanwaltes Heinrich Marx, der erst wenige Jahre vor Karls Geburt vom Judentum zum Protestantismus übergetreten war, wuchs Marx in einem seltsamen Traditionsmix aus Talmud und Thora (sein Urgroßvater, sein Großvater und einer seiner Onkel waren Rabbiner in Trier) auf, in einer Spannung aus religiöser Unterweisung und Pflege der Überlieferung auf der einen Seite und den modernen, von der Französischen Revolution inspirierten Emanzipationshoffnungen, einem radikalen Liberalismus auf der anderen Seite. Mit siebzehn Jahren hatte er sich an der Universität Bonn zum Jurastudium eingeschrieben, ein Jahr später war er nach Berlin gewechselt, wo er in den Bann der radikalen linkshegelianischen Intelligenz geriet. Marx sattelte auf Philosophie um, las Tag und Nacht, sofern er seine Zeit nicht mit Ausschweifungen in Kneipen verbrachte. Als an der Berliner Universität die Reaktion Zepter und Katheder übernahm und Berlin für die radikalliberale Intelligenz ein zunehmend ungemütliches Pflaster wurde, reichte Marx seine Dissertation in Jena ein, wo er umstandslos zum Doktor promovierte. Doch die Türen zu einer akademischen Karriere fand der radikale Jüngling auch nach seiner Rückkehr nach Bonn fest verschlossen, so daß er sich anfangs eher aus Not der tagesaktuellen Publizistik, dem Journalismus, zuwandte.

In der »Rheinischen Zeitung«, einer radikalliberalen Tageszeitung, fand er sein erstes Forum. Kurzzeitig übernahm Marx, der durch seinen spöttischen Stil und seine scharfe Feder beeindruckte, sogar den Posten des Chefredakteurs und hatte heftige Fehden mit der Zensurbehörde auszufechten. Doch die Verhältnisse wurden zunehmend unerträglich, und Marx räumte die Chefstelle wieder – nachdem die amtliche Schließung der Zeitung nur noch eine Frage von Tagen war.

Im Pariser Exil – das halb selbstgewählt, auf Grund des Drucks gegen den Publizisten Marx halb erzwungen war – beugte Marx sich also über die Werke des gerade 15 Jahre toten Georg Wilhelm Friedrich Hegel, über die Bücher der jungen »linkshegelianischen« Intelligenz, mit deren Autoren er ja aus seiner Berliner und Bonner Studienzeit bekannt oder befreundet war, und wandte sich der Nationalökonomie zu. Die Gedanken schrieb er in

Notizhefte, die lange nicht veröffentlicht wurden. Als sie 1932 erschienen, war das eine Sensation. Nun erweise sich, schrieb damals der junge Frankfurter Philosoph Herbert Marcuse in einer Besprechung, »daß die Marxsche Theorie im Mittelpunkt der philosophischen Problematik Hegels verwurzelt ist«[13].

Marx schritt von der Kritik der Religion, die die Junghegelianer betrieben, zur Kritik der *wirklichen Verhältnisse* – und damit zur Kritik der Nationalökonomie. Doch sein Leben lang sollte er ein *philosophischer* Kritiker der kapitalistischen Ökonomie bleiben – einer mit großem literarischem Talent. Er hat nicht nur »einige der schönsten Seiten philosophischer Weltliteratur geschrieben, ganz durchdrungen von einem flammenden Geist«[14], wie heute auch jene einräumen, die seinen Thesen mit Skepsis gegenüberstehen, sondern war auch beschenkt mit der Gabe des Witzes, ein großer Satiriker und brillanter Erzähler. Was, gibt etwa Francis Wheen in seiner jüngst erschienenen Biographie zu bedenken, wenn wir Marx' ökonomische Philosophie lesen wie einen Roman, vergleichbar mit Mary Shelleys »Frankenstein«-Geschichte über das Monster, das, von Menschenhand geschaffen, sich gegen ihren Schöpfer wendet?[15]

Mit seinen berühmten »Ökonomisch-Philosophischen Manuskripten« aus dem Jahre 1844 – heute allgemein als *Pariser Manuskripte* bekannt – beginnt Marx die Erzählung *seiner* Frankenstein-Geschichte, vom Menschen, der sich von seinem Wesen entfremdet, in dem er eine Welt schafft, die ihm – obwohl von ihm produziert – als ihm fremde, feindliche Macht gegenübertritt: der kapitalistische Kosmos, die Ding- und Sachenwelt mit ihren Maschinen und Waren und ökonomischen Sachzwängen. Es ist eine Erzählung, die ihn nicht mehr loslassen wird. Noch sind die ökonomischen Kategorien unausgearbeitet (mit ihnen wird Marx sich in seiner zweiten Lebenshälfte herumschlagen), noch wird ein essentielles, statisch-gegebenes menschliches *Wesen* vorausgesetzt (mit den Schwierigkeiten dieses Begriffes wird er in den folgenden Jahren kämpfen).

Der Sündenfall liegt auf seiten des produzierenden Menschen. Indem er beginnt, nicht für sich allein, sondern auch für einen anderen zu produzieren, setzt er einen Prozeß der Teilung der Arbeit in Gang, dem alle weiteren Spaltungen folgen – nur um am Ende sowohl Knecht seines Gegenstandes wie auch Knecht eines anderen zu sein, der sich den Gegenstand aneignet. Im Kapitalismus schließlich steht dem Arbeiter der Herr als Kapitalist gegenüber und der Gegenstand als Ware. Doch es ist der Knecht, der (ursprünglich) dieses Verhältnis produziert. Diese Überlegungen waren noch in enger Anlehnung an Hegel und das berühmte Herr-Knecht-Kapitel in seiner *Phänomenologie des Geistes* formuliert; doch dazu später.

Was uns hier vorerst interessiert, ist die Wucht und das Feuer, das schriftstellerische Pathos, mit denen Marx die Konsequenzen dieses Verhängnisses, der Zerspaltung der Menschenwelt, schildert. Der Mensch entäußert sich seiner Tätigkeit, bis er sich »in seiner Arbeit nicht bejaht, sondern verneint, nicht wohl, sondern unglücklich fühlt, ... seinen Geist ruiniert« (MEW Ergänzungsband 1, S. 514). Er entfremdet sich seinem menschlichen Wesen, in Gang kommt die »Entfremdung des Menschen von dem Menschen« (S. 517). Der Gegenstand, den er produzierte, beherrscht ihn von nun an nicht nur, sondern formt ihn, indem er sich gegen ihn zurückwendet, nach seinem Bilde. Nun produziert die Produktion »den Menschen nicht nur als eine Ware, die Menschenware, ... sie produziert ihn, dieser Bestimmung entsprechend als ein ebenso geistig wie körperlich entmenschtes Wesen«, als ein Unwesen, verkrüppelt zum Teilarbeiter.(S. 524) Doch nicht nur in der Produktion begegnen sich zunehmend entmenschte Menschen, die gesamte Gesellschaft wird geformt nach dem Warenprinzip. »Jeder Mensch spekuliert darauf, dem andern ein neues Bedürfnis zu schaffen, um ihn zu einem neuen Opfer zu zwingen, um ihn in eine neue Abhängigkeit zu versetzen und ihn zu einer neuen Weise des Genusses und damit des ökonomischen Ruins zu verleiten. Jeder sucht eine fremde Wesenskraft über den andern zu schaffen ... Mit der Masse der Gegenstände wächst daher das Reich der fremden Wesen, denen der Mensch unterjocht ist, und jedes neue Produkt ist eine neue Potenz des wechselseitigen Betrugs und der wechselseitigen Ausplünderung. ... Jedes Produkt ist ein Köder, womit man das Wesen des andern, sein Geld, an sich locken will, jedes wirkliche oder mögliche Bedürfnis ist eine Schwachheit, die die Fliege an die Leimstange heranführen wird.« (S. 547) Das Ideal dieser Gesellschaft ist der »*asketische*, aber *wuchernde* Geizhals und der *asketische*, aber *produzierende* Sklave«, ihr Gott das Geld: »Es kann dir das alles aneignen; es kann das alles kaufen; es ist das wahre Vermögen.« (S. 549) – »Alle Leidenschaft und alle Tätigkeit muß also untergehen in der Habsucht.« (S. 550) Wohlgemerkt: Schon in dieser frühen Schrift ist die Anklage Marxens gegen den Kapitalismus keine gegen den Kapitalisten – sondern eine gegen die *Verhältnisse*, die das kapitalistische Privateigentum als *Prinzip* produziert. Der Eigentümer, der Kapitalbesitzer, ist aus dieser Perspektive selbst gewissermaßen Opfer, denn »diese *verkehrende* Macht« wendet sich gegen jedes Individuum, indem es »Treue in Untreue, die Liebe in Haß, den Haß in Liebe, die Tugend in Laster, das Laster in Tugend, den Knecht in den Herrn, den Herrn in den Knecht, den Blödsinn in Verstand, den Verstand in Blödsinn« (S. 566) verwandelt. In dieser buchstäblich *ver-rückten* Dingwelt ist auch das Haben, das Besitzen des Kapitaleigentümers »eigentlich ein Besessenwerden, Gehabtwerden, eine Knechtschaft im Dienste des Besitzes« (Marcuse)[16].

Indem der Mensch tätig ist und damit sein Wesen verwirklicht, produziert er das Monstrum der kapitalistischen Ding- und Sachenwelt, in dessen Gefangenschaft er gerät und das ihn seiner Menschlichkeit beraubt, bis er seines Wesens vollkommen entäußert ist. Dies ist die Frankenstein-Geschichte des jungen Marx, und dies, ließe sich mit Blick auf das aktuelle Unbehagen sagen, ist der Grund, warum auch die modernen Menschen in der kommerziellen Glitzer- und Warenwelt nicht recht glücklich werden. Doch Marx wäre nicht der scharfe Denker, hätte ihm nicht schon früh gedämmert, daß seine wuchtige Anklage auf einer Voraussetzung beruht, die nicht bewiesen ist, auf wankendem Boden steht. Und zwar jener, daß es ein abstraktes, gleichsam ursprüngliches, fixiertes und zementiertes *Wesen des Menschen* gibt. Nur wenn ein solches existiert, macht der Begriff der Entfremdung Sinn. Dieser Frage stellt er sich im Verlauf der kommenden eineinhalb Jahre nach Erscheinen der *Pariser Manuskripte*. Eine Zeit, die nicht nur in intellektueller, sondern auch in praktischer Hinsicht eine bewegte sein sollte. Im Mai 1844 kommt – fast pünktlich zu Marx' 26. Geburtstag – seine erste Tochter, Jenny, zur Welt, eineinhalb Jahre später die zweite Tochter, Laura. Dazwischen liegt der Ausweisungsbefehl aus Frankreich und die Übersiedlung nach Brüssel sowie eine gemeinsame Studienreise mit seinem Freund Friedrich Engels nach England.

In diese Jahre fällt also, was Marx später im Vorwort »Zur Kritik der politischen Ökonomie« – gemeinsam mit Engels – die Abrechnung »mit unserem ehemaligen philosophischen Gewissen« (MEAW 2, S. 504) nennen sollte: also die wichtigste, prägendste Zeit im Leben des Mannes in der zweiten Hälfte seiner Zwanziger. Das erste Dokument, eine Sammlung von elf knappen Notizen »ad Feuerbach«, sollte Jahrzehnte danach unter dem Namen »Thesen über Feuerbach« in die Weltgeschichte der Philosophie eingehen. In dieser Auseinandersetzung mit dem avanciertesten der junghegelianischen Theoretiker formuliert Marx nicht nur sein Prinzip der »Philosophie der Praxis«, die uns hier vorerst nicht kümmert, sondern er schreibt auch explizit: »Das menschliche Wesen ist kein dem einzelnen Individuum inwohnendes Abstraktum. In seiner Wirklichkeit ist es das ensemble der gesellschaftlichen Verhältnisse.« (MEAW 1, S. 235)

Dies ist nun eine recht deutliche Absage an die Vorstellung von einem irgendwie gegebenen Menschtum. Vor allem in seiner polemischen Schrift, in der er auf mehreren hundert Seiten seine linkshegelianischen Zeitgenossen Ludwig Feuerbach, Bruno Bauer, Max Stirner und

31

andere aufs Korn nimmt, spießt Marx dann die metaphysischen »Hirngespinste wie ... ›der Mensch‹« (MEAW 1, S. 235) auf, zieht mit viel Spott darüber her, »was sich die Philosophen als ›Substanz‹ und ›Wesen des Menschen‹ vorgestellt ... haben« (MEAW 1, S. 232). Da der Mensch sich, das heißt seine Anlagen, immer in Interaktion mit anderen Menschen produziert, ist alles Räsonieren über das Eigentliche, das ursprüngliche Wesen des Menschen Unsinn. Die Individuen machen »*einander*, physisch und geistig« (MEAW 1, S. 230), gehen Verhältnisse ein, die wieder auf sie zurückwirken. Der *Mensch* ist immer schon: Geschichte *und* Gesellschaft. Es zeige sich, führt Marx aus, »daß also die Umstände ebensosehr die Menschen, wie die Menschen die Umstände machen«.

Das ist nun eine harte Nuß: Wie kann der Mensch sich seinem Wesen entfremden, wenn ein solches Wesen nicht existiert? In jedem Fall läßt sich so nicht recht ein gleichsam archaisches, romantisches Menschtum denken, dessen Wiederaneignung, dessen Befreiung aus den Ketten der dinghaften Welt Ziel und Ansporn der Revolte sein kann. Aus solcher Perspektive ist dann die Vorstellung eines »menschlichen Wesens« gewissermaßen ein theologisches Schmuggelgut. Wenn aber kein positives Modell des Menschtums außerhalb der gegebenen Verhältnisse existiert, welches den Verhältnissen entgegengestellt werden kann, dann bleiben zwei Möglichkeiten: die Kritik am Bestehenden aufzugeben – oder die Kritik in die Verhältnisse gleichsam hineinzuverlegen. Letzteres ist es, was Marx den Rest seines Lebens getan hat.

Doch bleiben wir vorerst beim Begriff der Entfremdung und bei Marx' Auseinandersetzung mit dem Begriff des menschlichen Wesens, hat doch diese bemerkenswerte Wende Generationen von Marx-Lesern, -Anhängern und -Exegeten beschäftigt. Zunächst ist dieser seltsame Widerspruch eine Herausforderung für Doktrinäre aller Art gewesen: Denn wenn das Werk eines Mannes zu einem dogmatischen Gebäude ausgebaut werden soll, dann ist kein Platz für Ambivalenzen. So haben sich vor allem die kommunistischen Doktrinäre damit beholfen, das Werk in das des jungen und das des reifen Marx zu scheiden. Dazu war hilfreich, daß die sogenannten »Frühschriften« erst Anfang der dreißiger Jahre veröffentlicht wurden, als die stalinistische Herrschaft über die Sowjetunion und die kommunistische Weltbewegung bereits befestigt war. Längst war da die Sentenz vom Menschen als »Ensemble der gesellschaftlichen Verhältnisse« schon ins Alltagswissen kommunistischer – und auch sozialdemokratischer – Gesellschaftsplaner hinabgesunken. Indem sie die gesellschaftlichen Verhältnisse ändern, könnten sie die Menschen ändern und so einen »neuen Menschen« schaffen, glaubten sie. Für sie war der Mensch, knapp und schroff gesagt, ein leerer Datenträger, der von den Verhältnissen beschrieben würde. Ethisch über das ›Wesen des Menschen‹ zu räsonieren wäre aus solcher Perspektive ebenso blauäugig, als würde man, um es mit den Worten unserer Zeit zu sagen, über das ›Wesen der CD‹ nachdenken – anstatt über die konkreten Musikstücke, die auf ihr gespeichert sind.

Neue Verhältnisse werden also einen neuen Menschen schaffen – so diese Auffassung –, wobei nebensächlich ist, mit welchen Methoden man diese neuen Verhältnisse schafft. Weil freilich schon zu dieser Zeit recht deutlich sichtbar war, daß das kommunistische Experiment in der Sowjetunion nicht wirklich dazu führte, daß sich aus dem verdinglichten Unwesen der kapitalistischen Krämerwelt, sozusagen dem kapitalistisch-vergifteten Menschen ein viel besserer Mensch entwickelte, bejubelten nicht wenige Anhänger eines undogmatischen, westlichen Marxismus diese Entdeckung des »humanistischen« Marx, dessen Menschenbild sie von nun an den realen Verhältnissen im sowjetischen Kosmos entgegenstellten. Da sie die *Pariser Manuskripte* derart hochhielten, erwuchs diesen humanistischen Marxisten freilich sofort das Problem, entweder beweisen zu müssen, daß der Marxsche Begriff der Entfremdung, der ein abstraktes menschliches Wesen voraussetzte, trotz der antiphilosophischen »Abrechnung« auch in den späteren Schriften gleichsam *wesentlich am Werke* war – oder aber sie mußten die für Marxisten doch eher seltsame These vertreten, daß alles, was Marx nach seinem 26. Lebensjahr geschrieben hat, ziemlich zweitrangig war. Die Gegner dieses »humanistischen Marxismus« wiederum – allen voran der französische kommunistische Theoretiker Louis Althusser – bestanden darauf, daß diese Zertrümmerung des »Mythos vom Menschen«[17] den wesentlichen Einschnitt, einen Bruch (»Rupture«) in Marx' theoretischer Entwicklung darstellte. Ab da sei der Marxismus eine anti-humanistische Theorie geworden, was nicht heißen sollte, daß der Marxismus zu einer Theorie der Unmenschlichkeit geworden sei, sondern daß eine Anthropologie jeder Art im Marxismus keinen Platz habe. Daß die Frage also, was und wie der Mensch sei, ob gut oder böse, ob ein vollkommen entwickelter oder verblödeter und abgestumpfter Mensch dem

»Wesen des Menschen« näherkomme, aus marxistischer Perspektive einfach nicht beantwortet werden kann – und auch nicht muß.

Diese heißdiskutierte Frage muß hier nicht entschieden werden, gerade weil wir hier nicht eine Marxsche Orthodoxie begründen, sondern die Bewegung von Marx' Gedanken nachzeichnen wollen. Zweifellos ist Marx' viele tausend Druckseiten umfassendes Werk von Widersprüchen nicht frei, was sich übrigens nicht nur zwangsläufig aus der Fülle seiner Schriften ergibt, sondern vor allem aus der Tatsache, daß der streitbare Intellektuelle Marx sein Leben lang nach verschiedenen Seiten gekämpft hat: gegen die spekulative Philosophie der Hegelianer, die die geschichtliche Bewegung als Wirklichkeit des »Selbstbewußtseins« (»Geist«, »Denken«, »Idee«) faßten, wie gegen die Nationalökonomie seiner Zeit, die über die Beschreibung der Funktionsweise der vom Menschen geschaffenen Dingwelt die Menschen vergaß; später gegen einen romantischen Utopismus, aber auch gegen einen ökonomischen Determinismus, gegen weltfremden Hokuspokus ebenso wie gegen einen geistlosen Positivismus – und je nachdem, in welche Richtung er gerade schlug, spitzte er auf je eine Seite hin zu. Hier reicht es vorerst, daran zu erinnern, daß Marx den Begriff der Entfremdung nicht vollends aufgab. Noch der Rohentwurf zu seinem Alters- und Hauptwerk, dem »Kapital« – heute unter dem Titel »Grundrisse zur Kritik der politischen Ökonomie« bekannt – ist ein im wesentlichen *philosophischer* Beitrag zur Nationalökonomie (wie übrigens das »Kapital« selbst) – die politische Ökonomie Marx' hat nicht in erster Linie die Produktion materieller Werte, sondern die *Produktion von Verhältnissen*, die gesellschaftlichen Beziehungen der Menschen innerhalb des kapitalistischen Universums, zum Gegenstand. Der Sachverhalt der *Entfremdung* bleibt zentral, auch wenn der Begriff Entfremdung zweifellos um seinen metaphysischen, ja theologischen Kern gebracht ist. »Abgeschmackt« nennt es Marx in den »Grundrissen«, die Entäußerung der Menschen mit Hinweis auf eine »Natur der Individualität« analysieren zu wollen – die Individualität ist Resultat historischer Prozesse, wie auch »die Entfremdung des Individuums von sich und von andren« Resultat eines »nur sachlichen Zusammenhangs« ist.[18] Doch immer wieder taucht die Beschreibung der »völligen Entleerung« der menschlichen Existenz auf, und noch im »Kapital« benützt Marx den schwierigen Begriff »Entfremdung« offenbar ohne große Scheu – wenngleich auf den knapp tausend Seiten des ersten Bandes nur vier Mal.

Die Marxsche Theorie, könnten wir also abschließend resümieren, lebt gewissermaßen noch nach der Zertrümmerung des »Mythos vom Menschen« von einer, wenngleich schwachen, anthropologischen Voraussetzung. Zwar hatte er den Gedanken einer eigentlichen Natur des Menschen, die der Kapitalismus verkrüppelt, aufgegeben, doch er mußte sich eine zumindest nicht-skeptische Anthropologie bewahren. Ohne die Gewißheit, daß der als Geisel der verdinglichten Sachenwelt gehaltene Mensch zu einer seiner selbst und seiner Potenzen bewußten und würdigen Existenz fähig ist, wäre das Marxsche Projekt undenkbar – das des Theoretikers Marx, ganz zu schweigen von dem des Revolutionärs Marx. Und wir dürfen uns von dem bisweilen trocken-

ökonomischen, kühl-analytischen, oft lakonisch-satiri-
schen, dann wieder philosophisch-abstrakten Ton, den
Marx in den »Grundrissen« oder im »Kapital« anschlägt,
nicht täuschen lassen: Auch der alte, reife Marx beschreibt
nicht nur, wie die kapitalistische Maschinerie als »beseeltes
Ungeheuer«[19], das nichts weiter ist als »vergegenständ-
lichte Arbeit«, das »Kommando über die Lebendige«
(Arbeit) übernimmt[20], und den tätigen Menschen sich als
»lebendige(s) Anhängsel einverleibt« (MEW 23, S. 445) –
er schreibt mit Wut und Besessenheit gegen dieses Monstrum an, das ihn fasziniert und das er zerstören will, weil
es Menschen zu Unwesen degradiert.

Gegen das »gute Alte«
Oder: Die Geburt des Proletariats aus dem Geist der Philosophie.

Von der »Kritik des Hegelschen Staatsrechts« zum Kommunistischen Manifest

Am 24. Jänner 1848 erging eine sehr ernste Mahnung der Londoner Zentralbehörde des Bundes der Kommunisten an die Kreisbehörde nach Brüssel. Man möge, hieß es darin, dem Bürger Marx bedeuten, es würden sehr ernste Maßregeln gegen ihn ergriffen, sollte das Manifest der Kommunistischen Partei, dessen Abfassung er übernommen hatte, nicht bis spätestens am 1. Februar in London angelangt sein. Doch Marx hatte Glück. Die Schreiben kreuzten sich. Noch bevor der strenge Brief aus London eingetroffen sein dürfte, ging das Paket mit dem Manuskript des vielleicht bedeutendsten Pamphletes in der Geschichte der politischen Publizistik über den Kanal.

Marx hatte rastlose und wohl auch recht frustrierende Jahre hinter sich. Aus Frankreich ausgewiesen, in Brüssel untergekommen, geplagt von den ewigen Geldsorgen, schrieb er Bücher, die niemand druckte – »wir überließen das Manuskript der nagenden Kritik der Mäuse«, bemerkte er später über die »Deutsche Ideologie«. Und die publizierten Texte wurden von kaum jemandem gelesen – etwa seine Proudhon-Kritik »Philosophie des Elends« –, oder sie erschienen in Emigrantenblättern, die so schnell auftauchten, wie sie wieder untergingen. Die Exilantenzirkel waren in sich und mit Marx heillos zerstritten, was einerseits dem Charakter der Emigrantenexistenz entsprang, andererseits aber Marx' Naturell entsprach, der Autorität einforderte und als strenger theoretischer Denker um einzelne Formulierungen wilde Auseinandersetzungen vom Zaun brach. Es lag ihm wahrlich nie etwas ferner, als, einer im wesentlichen gemeinsamen Sache wegen, Kompromisse in theoretischer Hinsicht einzugehen – und wären es nur die kleinsten, unbedeutendsten gewesen. (Die spätere Begriffsscholastik der Marx-Exegeten mit ihren Spaltungen und Säuberungen innerhalb der kommunistischen Weltbewegung hat sich so nicht völlig zu Unrecht auf den Gründervater berufen können.) Allerdings scharte er immer wieder linke Emigranten um sich, die Dichter Heinrich Heine und Ferdinand Freiligrath etwa, die Journalisten Ferdinand und Wilhelm Wolff, den ehemaligen Artillerieoffizier Joseph Weydemeyer, vor allem aber radikale Handwerker – Karl Schapper, einen Schriftsetzer, Joseph Moll, einen Uhrmacher, oder die beiden kommunistischen Schneider Friedrich Leßner und Johann Georg Eccarius. Man konnte sich nicht immer riechen in den Kreisen der Emigration, hielt aber trotzdem – in alle Welt verstreut – Kontakt zueinander und begegnete sich in den diversen Bünden, Gesellschaften oder Komitees, vorbereitet auf Aufstände, Revolten und Umstürze, die nicht kommen wollten. Um so erfreuter war Marx, als sich ihm mit der »Demokratischen Gesellschaft« in Brüssel ein Forum und mit dem aus London ausstrahlenden »Bund der Kommunisten« ein Netzwerk Gleichgesinnter bot, das die theoretischen Prämissen von ihm und seinem Freund Friedrich Engels zunehmend zu akzeptieren bereit war – der Bund wurde gleichsam zur Urzelle aller späteren sozialistischen Arbeiterparteien. Von einem besonders radikalen Schlag waren in dieser Frühzeit ganz offensichtlich die Meister von Nadel und Zwirn. »Die Kerntruppe des Bundes waren die Schneider«, schrieb Friedrich Engels vier Jahrzehnte später. »Deutsche Schneider waren überall, in der Schweiz, in London, in Paris.«[21] Schließlich wurden Marx und Engels, nachdem sie dem Londoner Bundeskongreß im Spätherbst 1847 ihre Grundsätze dargelegt und diese mit den Delegierten debattiert hatten, mit der Abfassung eines Manifestes beauftragt. Dies war durchaus ein schöner Erfolg für die beiden, denn »wir dürfen ja nicht vergessen, daß die Autoren des Manifests keine ›weisen alten Männer‹ waren, sozusagen schon von klein auf anerkannte Führer der Arbeiterbewegung, vor denen man nur in Ehrfurcht erstarren konnte«[22].

Ursprünglich nur in wenigen tausend Exemplaren gedruckt, wurde das Manifest »die einflußreichste politische Einzelschrift seit der *Erklärung der Menschen- und Bürgerrechte* der Französischen Revolution«[23], so jüngst der linke britische Historiker Eric Hobsbawm, ein Dokument, das nach den Worten des US-Philosophen Richard Rorty »immer zu den Schätzen unseres intellektuellen und spirituellen Erbes gehören«[24] werde – vergleichbar, wie er meint, etwa mit dem Neuen Testament. Den »dauernden Platz in der Weltliteratur«[25] – den Marx' klassischer Biograph Franz Mehring das Manifest schon 1918 einnehmen sah – sicherte der erstaunlichen Flugschrift vor allem ihre »fast biblische Sprachgewalt«, wie Hobsbawm formuliert: »Wie in einer einzigen schöpferischen Eruption geschrieben, in lapidaren Sätzen, die sich fast wie von selbst in die unvergeßlichsten Aphorismen verwandeln, die weit über die Welt der politischen Debatte hinaus bekannt geworden sind.«[26] Seine Wirkung »auf nachfolgende Generationen«, gab sich der Philosoph Isaiah Berlin beeindruckt, »kennt keine Parallele außerhalb der Religionsgeschichte; hätte sein Verfasser nichts anderes geschrieben, so würde dies allein ihm schon unsterblichen Ruhm eingetragen haben.«[27]

In literarischer Hinsicht gehört das Manifest sicherlich zu den grandiosesten Arbeiten von Marx, ein Ruhm, den es sich allenfalls mit der vier Jahre älteren Einleitung »Zur Kritik der Hegelschen Rechtsphilosophie« teilen muß.[28] Das Manifest ging jedenfalls in den Kanon der Weltkultur ein. Sein Eingangssatz »Ein Gespenst geht um in Europa – das Gespenst des Kommunismus« ist ebenso zum geflügelten Wort geworden wie die lapidare Erkenntnis »die Geschichte aller bisherigen Gesellschaft ist eine Geschichte von Klassenkämpfen«; daß die Proletarier nichts zu verlieren haben »als ihre Ketten« ist längst zu Tode zitiert, und auch die finale Parole kennt nahezu jedes Kind: »Proletarier aller Länder, vereinigt euch!«

Was 150 Jahre nach dem ersten Erscheinen des Manifests aber erstaunlich berührt und was auch Marx-Kritiker aus der politischen Mitte zu rühmen wissen, ist die eindringliche Zukunftszuversicht dieses Textes und die Gabe ihres Verfassers, die Zukunft vorherzusagen. Es ist über weite Strecken eine Lobpreisung der Bourgeoisie und des Kapitalismus.

»Die Bourgeoisie, wo sie zur Herrschaft gekommen, hat alle feudalen, patriarchalischen, idyllischen Verhältnisse zerstört. Sie hat die buntscheckigen Feudalbande, die den Menschen an seinen natürlichen Vorgesetzten knüpften, unbarmherzig zerrissen und kein anderes Band zwischen Mensch und Mensch übriggelassen als das nackte Interesse, als die gefühllose ›bare Zahlung‹. Sie hat die heiligen Schauer der frommen Schwärmerei, der ritterlichen Begeisterung, der spießbürgerlichen Wehmut in dem eiskalten Wasser egoistischer Berechnung ertränkt ... Sie hat, mit einem Wort, an die Stelle der mit religiösen und politischen Illusionen verhüllten Ausbeutung die offene, unverschämte, direkte, dürre Ausbeutung gesetzt. (...)

Sie hat ganz andere Wunderwerke vollbracht als ägyptische Pyramiden, römische Wasserleitungen und gotische Kathedralen, sie hat ganz andere Züge ausgeführt als Völkerwanderungen und Kreuzzüge. (...)

Alle festen eingerosteten Verhältnisse mit ihrem Gefolge von altehrwürdigen Vorstellungen und Anschauungen werden aufgelöst, alle neugebildeten veralten, ehe sie verknöchern können. Alles Ständische und Stehende verdampft, alles Heilige wird entweiht, und die Menschen sind endlich gezwungen, ihre Lebensstellung, ihre gegenseitigen Beziehungen mit nüchternen Augen anzusehen.

Das Bedürfnis nach einem stets ausgedehnteren Absatz für ihre Produkte jagt die Bourgeoisie über die ganze Erdkugel. Überall muß sie sich einnisten, überall anbauen, überall Verbindungen herstellen. (...)

Und wie in der materiellen, so auch in der geistigen Produktion. Die geistigen Erzeugnisse der einzelnen Nationen werden Gemeingut. Die nationale Einseitigkeit und Beschränktheit wird mehr und mehr unmöglich, und aus den vielen nationalen und lokalen Literaturen bildet sich eine Weltliteratur.

Die Bourgeoisie reißt durch die rasche Verbesserung aller Produktionsinstrumente, durch die unendlich erleichterten Kommunikationen alle, auch die barbarischsten Nationen in die Zivilisation. (…)

Mit einem Wort, sie schafft sich eine Welt nach ihrem Bilde.

Die Bourgeoisie hat das Land der Herrschaft der Stadt unterworfen. Sie hat enorme Städte geschaffen, sie hat die Zahl der städtischen Bevölkerung gegenüber der ländlichen in hohem Grade vermehrt und so einen bedeutenden Teil der Bevölkerung dem Idiotismus des Landlebens entrissen. (…)

Die Bourgeoisie hat in ihrer kaum hundertjährigen Klassenherrschaft massenhaftere und kolossalere Produktionskräfte geschaffen als alle vergangenen Generationen zusammen. Unterjochung der Naturkräfte, Maschinerie, Anwendung der Chemie auf Industrie und Ackerbau, Dampfschiffahrt, Eisenbahnen, elektrische Telegraphen, Urbarmachung ganzer Weltteile, Schiffbarmachung der Flüsse, ganze aus dem Boden hervorgestampfte Bevölkerungen – welches frühere Jahrhundert ahnte, daß solche Produktionskräfte im Schoß der gesellschaftlichen Arbeit schlummerten.« (MEAW 1, S. 418–421)

Erstaunliche Sätze, in vielerlei Hinsicht. Zunächst: Selten wurden davor und danach die Herrschaft der Bourgeoisie, der zivilisatorische Effekt von Handel und industrieller Entwicklung, die geistigen Resultate der technologischen Revolution in schöneren Worten besungen als hier. Zudem: Welche prophetische Gabe hatte der Mann, der in einer Zeit, wo sich allenfalls in England die industrielle Produktion einen nennenswerten Anteil am Volkseinkommen erobert hatte, wo der europäische Kontinent von der Idiotie des Landlebens, dem Zunft- und Schutzzollwesen und der Kleinstaaterei beherrscht war und die weißen Flecken am Globus noch überwogen, den Kapitalismus beschrieben hat, als habe er die beschleunigte Globalisierung unserer Tage vor Augen? Und warum soll man eine so heroische wie geniale Klasse stürzen, die einen solchen Fortschritt ins Werk setzt?

Sicherlich nicht, um den Fortschritt aufzuhalten. Für die heutigen Jeremiaden über einen alles nivellierenden, global standardisierten »McWorld«-Kapitalismus hätte Marx nur Spott parat. Man kann sich förmlich ausmalen, mit welch bitterem Hohn er etwa den französischen Bauernführer José Bové der Lächerlichkeit preisgäbe, der mit seinen Traktoren McDonalds-Filialen verwüstet und Produktionsstätten für Gen-Food planiert. Der zukunftsfröhliche Optimismus ist nicht nur das Betriebsklima des Marxschen intellektuellen Unternehmens, er wurde gewissermaßen zur kommunistischen Mentalität. »Nur der ›Einverstandene‹ hat Chancen, die Welt zu ändern«, notierte Walter Benjamin, als er sich zaghaft dem Marxismus zuwandte, und auf Marx könnte auch sein Satz gemünzt sein: »Gänzliche Illusionslosigkeit über das Zeitalter und dennoch ein rückhaltloses Bekenntnis zu ihm.« Was hier zum Tragen kommt, ist die Maxime, die Brecht in die unübertroffene Wendung faßte, nicht ans »gute alte, sondern an das schlechte neue« gelte es sich zu halten.

Man kann dies mit allem Recht die *Marxsche Geste* nennen: Einverständnis, Zukunftspathos, das Bekenntnis zur

»wirklichen Bewegung« (wie es in der »Deutschen Ideologie« hieß, MEAW 1, S. 226), die heute noch liberal gewordene Linke ebenso fasziniert wie neoliberale Fortschrittseuphoriker, die einen Viertelmarx und das halbe Manifest reklamieren in Anbetracht der Marxschen Lobpreisung der rastlosen Bourgeoisie. Und deshalb auch tun sich nicht nur kulturkonservative Modernitätsskeptiker mit Marx so schwer, deren Beschwörung einer verlorenen »Eigentlichkeit« von Marx' Begriff der »Entfremdung« so weit ja nicht entfernt ist, sondern auch jene in dunkelgrauen Molltönen formulierenden linken Kulturkritiker aus der Tradition der »Kritischen Theorie«, die – um es mit Adornos Worten zu sagen – ihr Mißtrauen gegen die Marxsche »Mimikry an die Geschichte«[29], welche der »Betriebsamkeit« der Bourgoisie verwandt ist, nie ganz loswurden.

Doch Marx' Apologie der kapitalistischen Selbstbewegung hatte einen Fluchtpunkt, einen historischen Horizont – mit der pausbäckig-kleinbürgerlichen Fortschrittsidee des graduellen »mehr« und »besser«, des versöhnlichen »alles wird gut«, die dann ins leere »weiter so« notgedrungen ausrinnt, hatte sie recht wenig gemein. Ohne ein großes Anderes würde der Marxsche Begriff des Fortschritts gänzlich leer.

Und so schreitet dann auch im Manifest in einer paradoxen Volte, in einem dramatischen Umschlagen dieses Andere hervor, das in einem welthistorischem Drama der Bourgeoisie gegenübertritt, bis sich die beiden wie in einem Duell gegenüberstehen – das Proletariat. Auch in Hinblick auf diese dramatische Inszenierung ist der

Begriff »große Literatur« für das Marxsche Œuvre übrigens durchaus nicht fehl am Platze. Die Welt fällt förmlich auseinander. Die Bourgeoisie produziert nicht nur die Gewalten, die sie »nicht mehr zu beherrschen vermag« – hier klingt das faustische Motiv an – , sie »hat nicht nur die Waffen geschmiedet, die ihr den Tod bringen; sie hat auch die Männer gezeugt, die diese Waffen führen werden – die modernen Arbeiter, die *Proletarier*.« (MEAW 1, S. 423)

Die Welt mit allen ihren Widersprüchen und Zwischenreichen wird hier in zwei feindliche Prinzipien geschieden, alle Zwischenklassen steigen entweder in die Bourgeoisie hinauf oder »fallen ins Proletariat hinab« (MEAW 1, S. 424). Alle Konflikte nehmen mehr und mehr »den Charakter von Kollisionen zweier Klassen an« (MEAW 1, S. 425). Das Proletariat vertritt in dieser Konstellation nicht nur das menschliche Allgemeininteresse gegen das Partikularinteresse der Besitzenden, weil es die »ungeheure Mehrzahl« der Bevölkerung stellt, sondern weil der, der nichts hat – außer seine Ketten – nichts *Spezielles*, sondern nur *alles* fordern kann: »Das Proletariat, die unterste Schichte der jetzigen Gesellschaft, kann sich nicht erheben, nicht aufrichten, ohne daß der ganze Überbau der Schichten, die die offizielle Gesellschaft bilden, in die Luft gesprengt wird.« (MEAW 1, S. 428)

Wir sehen also, dieses Proletariat entspringt einer paradoxen, dialektischen Wendung. Wie sich Marx' nationalökonomische Thesen als *philosophische* Ökonomie aus den Kategorien der deutschen idealistischen Theorie entwickelten, so wird auch das Proletariat bei Marx von Beginn an aus dem Geist der Hegelschen Philosophie geboren. Im »Manifest« klingt nur nach, was schon beim jungen Marx durchgearbeitet wurde. Dieses Proletariat war gewissermaßen eine Erfindung, eine Kopfgeburt. Das industrielle Proletariat war weit davon entfernt, die breite Masse der Bevölkerung zu repräsentieren, und bestand – wo es existierte – oft aus pauperisierten Tagelöhnern, aus der in die Städte geschwemmten, herabgedrückten Landbevölkerung, tagsüber an die Maschine gefesselt, nachts eingepfercht in Wohnkasernen – verlaust, schlecht genährt, heruntergekommen, ohne jede Bildung. Mit den industriellen Proletariern, wie wir sie aus der Massenproduktion der zwanziger, dreißiger Jahre – und auch noch der fünfziger Jahre – des 20. Jahrhunderts kennen, haben diese Proletarier wenig gemein. In Deutschland und in Frankreich, in jenen Ländern also, in denen Marx zu dieser Zeit lebte, steckte das Fabriksystem noch in den Kinderschuhen. So zählte die Firma Krupp 1835 gerade 67 Arbeiter, und 1847 arbeiteten in den Werkhallen der Firma Borsig, die damals mit Abstand an der Spitze lag, nicht mehr als 1200 Arbeiter. 1851 überstieg nur in Großbritannien, dem ersten Land der Industriewirtschaft, die Zahl der Stadtbevölkerung die der Landbevölkerung, und auch das nur knapp (51 Prozent), und eine Fabrik mit mehr als 300 Beschäftigten galt selbst Mitte der fünfziger Jahre als sehr großer Betrieb. Der künftige Siegeszug des Fabriksystems war allerdings schon spürbar: etwa durch die außergewöhnliche Vermehrung der Unterschichten in manchen Städten. So verzeichneten zwei jener Städte, in denen Marx seine Studentenjahre verlebte, Bonn und Köln, in den 30 Jahren vor 1849 einen Bevölkerungszuwachs von knapp 80 Prozent.[30]

Doch mit den heruntergekommenen »Proletair«[31], die die Elendsquartiere auffüllten, hatte Marx kaum Bekanntschaft geschlossen. Das empirische Proletariat, mit dem er Kontakt hatte, bestand überwiegend aus (teilweise noch selbständigen) Handwerkern, die das Gros der neuentstehenden Arbeitervereine stellten – auch der kommunistischen Zirkel, die Marx um sich scharte.[32] Mit einer sich auf die Fabrikarbeiter stützenden Arbeiterbewegung hatte Marx bis in die fünfziger Jahre kaum auch nur Berührung gehabt, sieht man von einer kurzen Begegnung mit den Führern der englischen *Chartisten* ab. »Das Proletariat tut, wir wissen nicht, was, und können's kaum wissen«, gab Engels ihm im März 1845 zu bedenken.[33] Nur selten begegnen uns diese Proletarier darum bei Marx anders als Abstraktum, nämlich als konkrete Individuen. So klingt an einer Stelle der »Ökonomisch-Philosophischen Manuskripte« wenigstens eine gewisse persönliche Nähe an, wenn Marx schreibt, »der Adel der Menschheit leuchtet uns aus den von der Arbeit verhärteten Gestalten entgegen« (MEW Ergänzungsband 1, S. 554)

Was immer diese Proletarier im einzelnen auch sein mochten, bei Marx waren sie nur mehr im Singular präsent, mehr geschichtsphilosophische Kategorie denn Menschen aus Fleisch und Blut und immer schon ein Produkt des dialektischen Prinzips. Das Marxsche Proletariat ist förmlich eine Denknotwendigkeit. Schon früh hat Marx das formuliert: »Damit die Revolution eines Volkes und die Emanzipation einer besonderen Klasse der bürgerlichen Gesellschaft zusammenfallen, damit ein Stand für den Stand der ganzen Gesellschaft gelte, dazu müssen umgekehrt alle Mängel der Gesellschaft in einer andern Klasse konzentriert, dazu muß ein bestimmter Stand der Stand des allgemeinen Anstoßes ... sein« (MEAW 1, S. 21), schrieb er bereits in der »Einleitung zur Kritik der Hegelschen Rechtsphilosophie«.

Diesem Proletariat kommt also seine historische Mission zur Revolutionierung aller den Menschen kujonierenden Verhältnisse nicht etwa darum zu, weil es über irgendwelche positiven Eigenschaften verfüge, sondern weil sich in ihm alle negativen Charakteristika konzentrieren. Die positive Möglichkeit einer allgemeinen Emanzipation liegt im radikalen Negativen, »in der Bildung einer Klasse mit radikalen Ketten, einer Klasse der bürgerlichen Gesellschaft, welche keine Klasse der bürgerlichen Gesellschaft ist, eines Standes, welcher die Auflösung aller Stände ist, einer Sphäre, welche einen universellen Charakter durch ihre universellen Leiden besitzt und kein besonderes Recht in Anspruch nimmt, weil kein besonderes Unrecht, sondern das Unrecht schlechthin an ihr verübt wird, welche nicht mehr auf einen historischen, sondern nur noch auf den menschlichen Titel provozieren kann, ... einer Sphäre endlich, welche sich nicht emanzipieren kann, ohne sich von allen übrigen Sphären der Gesellschaft und damit alle übrigen Sphären der Gesellschaft zu emanzipieren, welche mit einem Wort der völlige Verlust des Menschen ist, also nur durch die völlige Wiedergewinnung des Menschen sich selbst gewinnen kann. Diese Auflösung der Gesellschaft als ein besonderer Stand ist das Proletariat.« (MEAW 1, S. 24)

Dies ist nicht nur von der prinzipiellen Seite her in

strikter Ableitung aus der Hegelschen Dialektik formuliert – »die Dialektik der Negativität als dem bewegenden und erzeugenden Prinzip« nannte Marx später ja »das Große an der Hegelschen ›*Phänomenologie*‹« (MEW, Ergänzungsband 1, S. 574). Auch in der Sache selbst ist das eine Art Aktualisierung des Herr-Knecht-Kapitels der »Phänomenologie des Geistes«: Das Proletariat ist für Marx, was für Hegel der Knecht war.

Für letzteren war die Geschichte das dialektische Wechselverhältnis von Herr und Knecht. Schon bei Hegel ist das ursprüngliche und bewegende Prinzip das des Knechtes. Der Herr existiert nur vermittelt, durch die Knechtschaft. Der Herr ist nicht an sich frei, sondern nur, weil er sich die Arbeit des Knechts aneignet. Doch der Herr wird seiner Lage nicht froh – denn er wird ja nicht von einem anderen Herrn anerkannt, sondern nur von einem Knecht. Er bringt es daher nur zum knechtischen Bewußtsein. Und nicht der Herr verwandelt die Welt, sondern der arbeitende, tätige Knecht. Die Herrschaft ist also eine existentielle Sackgasse. Der Herr ist nur der Katalysator der Geschichte, deren Motor der Knecht ist. So jedenfalls könnte, stark verkürzt, eine der möglichen Lesarten der »Phänomenologie« lauten.[34]

Marx reklamiert für sein Proletariat gewissermaßen dreierlei aus dieser Gedankenbewegung: Das Proletariat ist das wesentliche Prinzip dieser Zweierbeziehung, weil es arbeitet und sich in der Tätigkeit potentiell als Mensch erschafft. Der Arbeiter produziert den Kapitalisten. Die Geschichte schreitet voran durch die Stärke der Schwachen. Vor allem aber, und dies ist mit Abstand besehen doch eine unerhörte These, der aller Alltagsverstand zweifelsohne keineswegs spontan zustimmen wird, ist »es stets die schlechte Seite …, welche schließlich den Sieg über die gute Seite davonträgt. Die schlechte Seite ist es, welche die Bewegung ins Leben ruft, welche die Geschichte macht, dadurch, daß sie den Kampf zeitigt«[35]. Dieser dialektische Salto, die zu einem Grundmotiv des Marxschen Historischen Materialismus wurde, befestigt eine Paradoxie: wie die Revolution aus ihrem schlechtweg anderen, dem Kapitalismus, entspringt, so geht auch der Revolutionär aus dem schlechten, dem selbstischen, dem in Unwissenheit und Borniertheit gehaltenen Typus ganz ohne Ethos hervor – beinahe von selbst gewissermaßen.[36]

Marx formulierte, wenn die Sozialisten dem Proletariat diese weltgeschichtliche Rolle zuschreiben, »so geschieht dies keineswegs, … weil sie die Proletarier für *Götter* halten. Vielmehr umgekehrt. Weil die Abstraktion von aller Menschlichkeit, selbst von dem *Schein* der Menschlichkeit, im ausgebildeten Proletariat praktisch vollendet ist, weil in den Lebensbedingungen des Proletariats alle Lebensbedingungen der heutigen Gesellschaft in ihrer unmenschlichsten Spitze zusammengefaßt sind, weil der Mensch in ihm sich selbst verloren, aber zugleich nicht nur das theoretische Bewußtsein dieses Verlustes gewonnen hat, sondern auch unmittelbar durch die nicht mehr abzuweisende, nicht mehr zu beschönigende, absolut gebieterische *Not* – den praktischen Ausdruck der *Notwendigkeit* – zur Empörung gegen diese Unmenschlichkeit gezwungen ist, darum kann und muß das Proletariat sich selbst befreien. Es kann sich aber nicht selbst befreien, ohne seine eigenen Lebensbedingungen aufzuheben. Es kann seine eigenen Lebensbedingungen nicht aufheben, ohne alle unmenschlichen Lebensbedingungen der heutigen Gesellschaft, die sich in seiner Situation zusammenfassen, aufzuheben.«[37]

Diese Steigerung des Klassenkonfliktes zu einer letzten, großen, epochalen Kollision, die die poetische Struktur des Manifestes prägt, beeindruckte im übrigen auch die Klügsten der reaktionären Gegner Marx'. »Neu und faszinierend« am kommunistischen Manifest sei, schrieb etwa der ultrarechte deutsche Staatsrechtler Carl Schmitt, »die systematische Konzentrierung des Klassenkampfes zu einem einzigen, letzten Kampf der Menschheitsgeschichte, zu dem dialektischen Höhepunkt der Spannung: Bourgeoisie und Proletariat. Die Gegensätze vieler Klassen werden zu einem letzten Gegensatz vereinfacht. ... Die Vereinfachung bedeutet eine gewaltige Steigerung der Intensität. ... So entsteht die größte Spannung des weltgeschichtlichen Moments. ... Alles muß aufs äußerste getrieben werden.«[38]

Was Schmitt so fasziniert, ist der literarische und politische Tat-Sinn, die revolutionäre Emphase, der rücksichtslose Vitalismus, wenn man so will: der Triumph des Willens über die Soziologie. Dem Marxschen historischen Materialismus zum Trotz, der nicht bei wenigen seiner Interpreten und Jünger eine ökonomistisch-deterministische Schlagseite erhielt, wird hier ein Machtwille eines abstrakten Proletariats beschworen, der sich um das reale, empirische Proletariat nur wenig kümmerte.

Und doch muß zum Abschluß vor Mißdeutungen gewarnt werden: So sehr das Proletariat, wie es uns bei Marx begegnet, die Kategorien der deutschen Philosophie als legitimes Erbteil in sich trägt, so wenig war es doch bloße poetische Phantasmagorie, alleiniges Produkt der Einbildungskraft eines großen philosophischen Geistes, die Hauptfigur »in einem gigantischen theatrum mundi«, wie Konrad Paul Liessmann das nennt.[39] Das reale Proletariat hat sich in den folgenden Jahrzehnten dem Marxschen Proletariat auf erstaunliche Weise anverwandelt, und wenn auch die großen industriellen Arbeiterheere, die sich im späten 19. und im frühen 20. Jahrhundert in den sozialdemokratischen Massenparteien und unter der Fahne des Sozialismus formierten, am Ende doch weder eine Revolution machten, noch eine neue, kommunistische Gesellschaft errichteten, so vollbrachten sie sehr wohl eine historische, zivilisatorische Tat: Sie haben dem wilden frühen Kapitalismus viele Kompromisse abgerungen, bis er sich zu jenem westeuropäischen Sozialstaat verändert hatte, der auch den Proletariern eine menschliche Existenz, den Armen ein Überleben, den Alten ein Auskommen garantierte. Dieses Resultat hat Marx zwar nicht vorausgesehen, aber er hat prophezeit, daß die Zivilisierung der Verhältnisse nicht von den selbstgerechten Wortführern der Zivilisation besorgt, sondern den Mächtigen von den heruntergekommenen, verwahrlosten Menschenwaren abgerungen würde, die sich in den jungen Fabriken konzentrierten. Nicht die Sozialtechniker und Menschenerzieher haben die Welt verändert, sondern – List der Vernunft! – die plebejischen Volksmassen. Wenn man so will: *ganz ohne Aufklärung, sondern in Lumpen.*[40]

Wenn denn dieses Proletariat also ein poetisches, literarisches Produkt war, so bleiben doch zwei drängende Fragen. Bewies, erstens, der Autor dieser Prophetie nicht

gerade deswegen, was den großen Schriftsteller auszeich-
net – Empathie, Intuition, ein Gespür für seine Zeit,
Emphase und ein starkes Ethos, einen ausgeprägten Gerechtigkeitssinn? Und hat Marx, durch diese Erfindung
und seine lebenslange Tätigkeit, das moderne, die Welt
zum Besseren verändernde Proletariat nicht auch *mitge-
schaffen*? Eine Frage, die Donald Sassoon in seiner großen
Geschichte des europäischen Sozialismus mit der schönen
Wendung beantwortet: »Wer definiert, der kreiert.«[41]

Die Anti-Utopie
Oder: Im ehernen Gehäuse
der historischen Notwendigkeit

Der historische Materialismus – Karl Marx'
Geschichtsphilosophie

Das Manifest – ein Triumph des Willens über die Soziologie? Marx – ein Autor, der von einem Ethos, in letzter Instanz von einem Gefühl angetrieben wurde, von der moralischen Motivation, Unrecht und Ungerechtigkeit zu bekämpfen? Heißt so zu formulieren nicht, dem Kerngedanken Marxens Gewalt antun? Und heißt das nicht vor allem heute: Marx vollends zu erledigen? Denn nichts scheint heutzutage so niedrig im Kurs zu stehen wie moralische Motive.

Selbst jene, die sich über die Ungerechtigkeiten, das schroffe Nebeneinander von Reichtum und Elend empören, reagieren unwirsch, nennt man sie »Moralisten«. Dabei sah etwa die Hamburger »Zeit« nach den Unruhen von Seattle, Davos, Genua und Florenz schon die »Geburtsstunde einer neuen linksradikalen Bewegung«, die Pariser »Libération« feierte die »Generation soziale Gerechtigkeit«. Und Daniel Cohn-Bendit, der ewige Rebell, mahnte seine Grünen, sie dürften den Anschluß an »die moralische Generation« nicht verlieren.

Da war es wieder, das Moralisierer-Wort: Das Hauptmotiv der neuen Rebellengeneration »ist die moralische Empörung über Bilder von Kindern mit aufgeblähten Bäuchen, oder allgemeiner: über soziale Ungerechtigkeit«, urteilt auch Dieter Rucht, Professor am Berliner Wissenschaftszentrum für Sozialforschung mit Arbeitsschwerpunkt soziale Protestbewegungen.

Selbst bei den Wohlmeinendsten klingt eine Art altväterlicher Paternalismus an. Wer anderen Moralismus attestiert, der tut das meist, um sie ein wenig abzutun. Wessen Handeln in einer Moral gründet, der ist ein zweifelhafter Zeitgenosse. Und es gehört ohne Zweifel zu den eigenartigsten Eigenheiten unserer Zeit, daß moralische Beweggründe für Engagement oder einfach auch für alltägliches Verhalten nicht gerade hoch im Kurs stehen, und zwar nicht nur bei den Freunden der Unmoral, sondern auch bei den Freunden der Moral. Denn die moralisch Empörten pflegen den Hinweis, sie seien moralisch empört, mit echter Empörung zurückzuweisen, so wie die Gegner der moralisch Empörten meist glauben, mit diesem Hinweis sei es schon getan, um die Moralisten abzufertigen. Nur selten kommt die Frage auf: Was ist eigentlich so schlecht an moralischem Handeln?

Daß moralische Motive und ethisches Handeln so sehr mit drögem Moralismus, schlichter Weltfremdheit und flachem Gutmenschentum verbunden sind, läßt sich nicht nur auf die Erfolge der Kapitalismusfreunde und abgeklärter Zyniker im Meinungskampf zurückführen. Ohne Zweifel hat die kalte Schneidigkeit der heute so allgegenwärtigen radikalliberalen Wirtschaftsdoktrin ihren Teil zur Verächtlichmachung der Moral beigetragen. Daß sie zu Schlüssen kam, die der Laie nicht erwartet hätte – das wußte schon der große britische Ökonom John Maynard Keynes –, »erhöhte vermutlich ihr intellektuelles Prestige« – etwa, daß jener, der nur seinen Eigennutz im Blick hat, ein Gemeinwesen besser vorwärts bringe als der, der stets Gutes versuche und nur das Schlechte schaffe. Daß diese Lehre, »in die Praxis übersetzt, spartanisch und oft widerwärtig war, verlieh ihr einen Anspruch von Tugend. Daß sich auf ihr ein gewaltiger, starrer logischer Überbau errichten ließ, verlieh ihr Schönheit. Daß sich mit ihr eine Menge sozialer Ungerechtigkeiten und eindeutiger Grausamkeit als unvermeidliche Begleiterscheinung im Rahmen des Fortschritts erklären und der Versuch, diese Dinge zu ändern, als wahrscheinlich mehr Schaden als Gutes stiftend hinstellen ließ«[42], trug ihr Wohlwollen von vielen Seiten ein.

Das erklärt noch nicht vollends, warum moralisches Handeln auch bei den Gegnern dieser wirtschaftsliberalen Doktrin einen derartigen Hautgout hat. Die Verächtlichmachung moralischer Motive ist, wie leicht einsehbar ist, eine wichtige Waffe im Arsenal marktradikaler Doktrinäre. Aber erstaunlicherweise, und doch durchaus folgerichtig, sind sie in diesem Affekt gegen ethisches Handeln durchaus mit von Marx geprägten Traditionslinien verbunden. Die paradoxe Folge dieses Sachverhaltes ist der Umstand, daß die Gewißheit, es komme nur auf »objektive« Gegebenheiten, nicht aber auf die Wünsche, Hoffnungen und Illusionen der Menschen an, heute von rechts und von links gestützt wird.

Mit durchschlagendem Erfolg: Daß man die wirtschaftlichen Realitäten gefälligst zur Kenntnis zu nehmen, sich an die Fakten zu halten habe, weiß heute jedes Kind. Daß es nichts zur Sache tut, was diese oder jene Individuen sich wünschten, welche Vorstellungen und Illusionen in ihren Köpfen herumspuken, ist weitgehend Allgemeingut geworden, worüber sich kaum mehr streiten läßt. Daß der Ökonomie der Primat zukomme, dem die Politik nicht zuwiderhandeln und gegen den nur ein exaltierter Kindskopf anreden könne, ist die stärkste und letzte Gewißheit unserer an Gewißheiten ansonsten recht armen Zeit. Daß unsere Welt nach ihrer eigenen Logik funktioniert, die sich Naturgesetzen gleich durchsetzt – und welche wiederum eine rein ökonomische Logik, allein wirtschaftliche Gesetzmäßigkeit ist – und der sich weder Regierungen noch Unternehmen, noch einzelne Individuen entziehen können, wagt kaum jemand zu bestreiten. Nur Sonderlinge verschwenden heute noch ihre Zeit darauf, sich über alternative Entwicklungslogiken oder gar über philosophische oder kulturhistorische Fragen den Kopf zu zerbrechen. Sie sind so hoffnungslos von gestern wie Geisterbeschwörer oder Kommunisten.

Die Apologeten des Bestehenden haben also auf aller Linie gesiegt. Und doch gilt ebenso – ja es ließe sich mit gewissem Recht sogar sagen: gerade deshalb gilt –, was der italienische Kommunist Antonio Gramsci schon aus Anlaß von Marx' hundertstem Geburtstag, also vor knapp 85 Jahren formuliert hat: »Wer wäre nicht Marxist? Und doch ist es so: alle sind Marxisten, ein wenig, unbewußt.«[43]

Wie geht das zusammen? Wir werden sehen, daß dies bei einer Lesart des Marxismus, die einzelne Aspekte der Marxschen Gedankenfülle überbetont, sogar recht gut zusammengeht. Wir haben bereits erwähnt, daß Marx seine Thesen in der Auseinandersetzung mit der Hegelschen – und nachhegelschen – Philosophie entwickelt. Als Marx sich daran machte, mit seinem »ehemaligen philosophischen Gewissen« abzurechnen, war Hegel, wie wir gehört haben, gerade 15 Jahre tot. Für diesen war alles Leben wesentlich »Geist« und nicht praktisch.[44] Heute rennt man offene Türen ein mit dem Hinweis, daß für die Lebensentwürfe und -ziele, für das Bild, welches sich die Menschen von unserer Welt machen, ihre materielle Existenz und die praktischen Lebensverhältnisse, in denen sie sich befinden, entscheidend sind. Mittlerweile gälte es als ziemliche Banalität, würde man bemerken, daß Gesellschaften allgemein aufgeklärtes Bewußtsein, demokratische Institutionen, ein funktionierendes Staatswesen, ein Ensemble juristischer, sozialer und kultureller Instanzen wohl erst auszubilden vermögen, wenn ein gewisser Grad materieller Entwicklung erreicht ist, und daß die Achtung des anderen und der Respekt des Gesetzes sich höchstwahrscheinlich nur schwer durchsetzen werden, wenn die große Mehrheit der Bevölkerung in Elend und Hunger vegetiert. Damals aber, als sich noch locker über »Geist«, »Bewußtsein« oder »Wissen« philosophieren ließ, ohne allzu viele Gedanken auf den praktischen Entwicklungsstand einer Gesellschaft zu verschwenden, war das keineswegs selbstverständlich.

Der junge Gelehrte Marx hält früh schon dagegen – auch weil der junge Rebell Marx weiß, daß die Revolution, die er kommen sieht, nicht allein deshalb kommen wird, weil der Revolutionär Marx sich das wünsche. Nicht nur die spekulative Philosophie wird zum Visavis des streitbaren Doktors, sondern auch alle Schattierungen eines gefühlsbetonten, ethischen, »utopischen Sozialismus«. Lebenslang waren ihm jene ein Greuel, deren Sozialismus sich auf eine Utopie gründete, die sie sich davor im stillen Kämmerlein ausgemalt hatten – die von einem starken Ethos angetrieben wurden und sich um die Realitäten dafür wenig scherten. Gegen sie wie gegen die Junghegelianer kämpfte Marx schon als 25jähriger an. »Die Revolutionen bedürfen nämlich eines *passiven* Elementes, einer *materiellen* Grundlage«, formuliert er in seiner mit dem überströmenden Übermut des Beginners geschriebenen »Einleitung zur Kritik der Hegelschen Rechtsphilosophie« und fügt hinzu: »Es genügt nicht, daß der Gedanke zur Verwirklichung drängt, die Wirklichkeit muß sich selbst zum Gedanken drängen.« (MEAW 1, S. 19) Hier klingt schon der Argumentationsmodus an, den Marx dann zum historischen Materialismus ausarbeiten wird. Dieser sagt keineswegs aus, was manche Marx-Gegner noch heute fälschlicherweise unterstellen, daß die Menschen wesentlich von materialistischen Motiven getrieben sind – also, salopp gesagt, daß der Mensch schlecht ist –, sondern daß der Stand der materiellen Produktion für den Grad der zivilisatorischen Entwicklung eines Landes konstitutiv ist. »Die ›Befreiung‹ ist eine geschichtliche Tat, keine Gedankentat«, heißt es in der »Deutschen Ideologie« dann, »und sie wird bewirkt durch geschichtliche Verhältnisse, durch den Stand der Industrie, des Handels, des Ackerbaus, des Verkehrs ...« (MEAW 1, S. 214)

An dieser Stelle ist es angebracht, kurz zwei wesentliche Kategorien von Marx einzuführen: *Produktivkräfte* und *Produktionsverhältnisse*. Der Begriff Produktivkräfte beschreibt die Allgemeinheit des materiellen Entwicklungsstandes einer Gesellschaft, also den Stand der Fertigkeiten ebenso wie den der Erfindungen, den Grad der Technisierung: Eine Gesellschaft, die über automatisierte Fabriken verfügt und den Ackerbau mit Hilfe großer landwirtschaftlicher Maschinen und unter Einsatz chemischer Substanzen betreibt, hat einen höheren Stand der Produktivkraftentwicklung erreicht als eine, in der der Bauer seinen Pflug hinter dem Ochsen herschiebt und die Handwerker mit ihren Händen und ein paar wenigen Werkzeugen die Güter des täglichen Gebrauchs herstellen. Der Begriff *Produktionsverhältnisse* beschreibt dagegen die gesellschaftlichen Rahmenbedingungen, unter denen solcherart produziert wird. Ist die Gesellschaft gespalten in Freie und in Sklaven, die für sie arbeiten? Zerfällt sie in eine grundbesitzende Nobilität, leibeigene Bauern und freie Handelsstädte, in denen die Handwerker die paar wenigen Güter, die sie verfertigen, oft noch selbst vertreiben? Oder haben wir es mit einer entwickelten kapitalistischen Gesellschaft zu tun, in der die einen ihr Auskommen durch Lohnarbeit, die anderen durch Kapitalbesitz bestreiten, eine Gesellschaft, die durch eine verallgemeinerte Warenproduktion und Geldwirtschaft geprägt ist?

Die Pointe des historischen Materialismus ist nun, knapp gesagt, eine zweifache. Erstens: Einem bestimmten Grad der Produktivkraftentwicklung entsprechen jeweils bestimmte Produktionsverhältnisse. Einer Gesellschaft, in der die überwiegende Mehrzahl der Bevölkerung unter Einsatz nur weniger und simpler Hilfsmittel in der Landwirtschaft tätig ist, ist die gesellschaftliche Ordnung des Feudalismus angemessen – und zwar unabhängig davon, ob ein philosophischer Kritiker die Leibeigenschaft nun gut oder schlecht findet; eine entwickelte Waren- und Geldwirtschaft mit globalisiert organisierter Produktion und Handelsbeziehungen über Kontinente hinweg wird sich mit verallgemeinerter Sklaverei dagegen nur schwer vereinbaren lassen. Das heißt: Die entwickelte Warenwirtschaft »kritisiert« die Sklaverei auf viel folgenreichere und nachhaltigere Weise, als dies eine humanistische Kritik, die die Würde des frei geborenen Menschen beschwöre, jemals vermöchte. Zweitens: Die Menschen, die unter den Bedingungen bestimmter historischer Produktionsverhältnisse und mit gegebenen Produktivkräften produzieren, entwickeln diese Produktivkräfte bisweilen fort – sie verbessern ihre Fertigkeiten und ihre Werkzeuge, sie machen neue Erfindungen, es nisten sich in den Nischen dieser Gesellschaft Zwischenklassen ein, Kaufleute beispielsweise, die Produkte von weither bringen oder auch die logistischen Abläufe verändern – so produzieren die Handwerker nicht mehr nur für sich, für ihren Herrn oder für ihre engere Umgebung, sondern auch für fahrende Händler, denen sie ihre Produkte anvertrauen, die dann wieder Kaufmannskapital akkumulieren und den ganzen Prozeß auf einer erweiterten Grundlage reorganisieren können. Mit einem Wort: Der Grad der Produktivität und die Organisation der Produktion können sich innerhalb bestimmter gesellschaftlicher Verhältnisse weiterentwickeln, bis diese Verhältnisse anachronistisch werden und die hergebrachte Ordnung mit der neuen Modernität nicht mehr Schritt zu halten vermag. Dann tun sich gesellschaftliche Spannungen, Konflikte auf. Die neuen, dynamischeren Klassen revoltieren gegen die alten, anachronistischen Oberklassen. »Alle Kollisionen der Geschichte haben also nach unserer Auffassung ihren Ursprung in dem Widerspruch zwischen den Produktivkräften und der Verkehrsform«, formuliert Marx (MEAW 1, S. 257).

Nun hält sich Marx freilich nicht damit auf, die materialistische Analyse nur auf vergangene Epochen anzuwenden – er führt nicht nur eine neue Methode der Geschichtswissenschaft ein, wenngleich die Marxsche Theorie auch die Geschichtsbetrachtung vollkommen revolutionierte, die bisher vor allem eine Geschichte der großen Männer, der Ideen und der elementaren Ereignisse war (oder bestenfalls Geschichte der Institutionen, wie Militär- oder Kirchengeschichte). Die moderne Gesellschaftsgeschichte wäre, ebenso wie die heutige Soziologie, ohne das Marxsche Erbe vollends undenkbar. Seine historisch-materialistische Kritik wendet Marx auf die Gesellschaft, in der er lebt, auf den Kapitalismus selbst an.

Wir haben bereits gesehen, daß Marx mit der Zerstörung des »Mythos vom Menschen« sich die Möglichkeit genommen hatte, den Kapitalismus von außen zu kritisieren – somit existierte für ihn keine jenseitige Utopie einer ursprünglichen menschlichen Eigentlichkeit mehr, die der kapitalistischen Warenwelt entgegengestellt werden konnte. Dann bleiben nur zwei Möglichkeiten: die Kritik am Bestehenden aufzugeben oder die Kritik in die Verhältnisse gleichsam hineinzuverlegen. Marx' Projekt war es fortan nicht, den Kapitalismus anzuklagen, sondern eine *Analyse* vorzutragen, die beweise, daß der Kapitalismus gewissermaßen seine eigene, tätige und praktische *Selbstkritik* immer schon mitliefere.

Denn wie alle bisherigen Gesellschaftsformationen ist auch die kapitalistische Ordnung nichts als eine jener historischen »Produktionsverhältnisse, die einer be-

stimmten Entwicklungsstufe ihrer materiellen Produktivkräfte entsprechen« (MEAW 1, S. 503). Solange der Kapitalismus diesem Entwicklungsstand entspricht, wird er
existieren, relativ unabhängig vom Willen der in ihm tätigen Individuen. »Eine Gesellschaftsformation geht nie
unter, bevor alle Produktivkräfte entwickelt sind, für die
sie weit genug ist.« (MEAW 1, S. 503) Daher stelle sich
»die Menschheit immer nur Aufgaben, die sie lösen kann«
(MEAW 1, S. 504). Doch auch diese Produktionsweise
werde den Punkt erreichen, wo die Produktivkräfte »unverträglich werden mit ihrer kapitalistischen Hülle. Sie
wird gesprengt. Die Stunde des kapitalistischen Privateigentums schlägt.« (MEW 23, S. 791) So formuliert Marx
es in epigrammatischer Form im »Kapital«, einer seiner
Altersschriften, die vorrangig der detaillierten Analyse
der ökonomischen Bewegung gewidmet sind. Vorbereitet
wird all dies in den vierziger Jahren, in einer ungeheuren
Schaffensperiode, die kaum mehr als die vier Jahre zwischen 1844 und 1848 umfaßt.

Kurzum: Marx wollte nichts weniger als eine Utopie
verfertigen. Er war nicht Kommunist, weil er sich den
Kommunismus wünschte oder weil er den Kapitalismus
moralisch verwerflich gefunden hätte – jedenfalls wäre er
sehr unwirsch geworden, hätte man ihm dies unterstellt –,
für ihn war die Aufhebung des Privateigentums und die
kooperative »Vergesellschaftung« schlicht eine Potenz, ja
eine Tendenz der kapitalistischen Gesellschaft. »Der Kommunismus ist für uns nicht ein *Zustand*, der hergestellt
werden soll, ein *Ideal*, wonach die Wirklichkeit sich zu
richten haben wird«, formulierten Marx und Engels in der
»Deutschen Ideologie«. »Wir nennen Kommunismus die

wirkliche Bewegung, welche den jetzigen Zustand aufhebt. Die Bedingungen dieser Bewegung ergeben sich aus der jetzt bestehenden Voraussetzung.« (MEAW 1, S. 226) Marx hat, völlig anders als die großen Utopisten von Thomas Morus bis zu denen des frühen Sozialismus, immer vermieden, sich die kommunistische Gesellschaft irgendwie auszumalen. Dies hat es auch, das nur nebenbei, den staatssozialistischen Doktrinären des untergegangenen Ostblocks erheblich erleichtert, zu behaupten, ihr Gesellschaftsmodell sei praktische Verwirklichung der Marxschen Theorie. Denn weil nirgendwo in Marx' Werk die kommunistische Idealgesellschaft geschildert wurde, konnte sie praktischerweise den konkreten »real-sozialistischen« Gegebenheiten nicht entgegengestellt werden. Nur in einer berühmten Passage läßt er sich, der sich ansonsten strikt an sein schier biblisches Utopieverbot hielt, zu einer knappen Skizze des Lebens im Kommunismus hinreißen. Unter den Bedingungen der kapitalistischen Arbeitsteilung ist der Mensch entweder Jäger, Fischer oder Hirt oder kritischer Kritiker, schreibt Marx – »während in der kommunistischen Gesellschaft, wo jeder nicht einen ausschließlichen Kreis der Tätigkeit hat, sondern sich in jedem beliebigen Zweige ausbilden kann, die Gesellschaft die allgemeine Produktion regelt und mir eben dadurch möglich macht, heute dies, morgens jenes zu tun, morgens zu jagen, nachmittags zu fischen, abends Viehzucht zu treiben und nach dem Essen zu kritisieren, wie ich gerade Lust habe ...« (MEAW 1, S. 227) Doch wollen wir dieser – heute würde man sagen: feuilletonistischen – Passage nicht allzu viel Bedeutung beimessen. Marx wird, wenn er sich im geheimen die kommunistische Gesellschaft ausmalte, doch ein entwickelteres Gemeinwesen vor Augen gehabt haben. Und viel wahrscheinlicher ist ohnehin, daß er sie sich nicht ausmalte. »Die sogenannte ›sozialistische Gesellschaft‹ ist nach meiner Ansicht nicht ein ein für alle mal fertiges Ding, sondern, wie alle andern Gesellschaftszustände, als in fortwährender Verändrung und Umbildung begriffen zu fassen«, wies noch der alte Friedrich Engels, lange nach Marx' Tod, alle Anfragen zurück, doch einmal genau zu schildern, wie er sich denn die zukünftige Gesellschaft vorstelle. Die würde einfach ein Produkt der Bedingungen sein, die ihr der Kapitalismus hinterlassen würde, wenn er ans Ende seiner Tage gekommen sei. Und diese Bedingungen waren für Marx und seine Gesinnungsfreunde so unbekannt, wie gleichzeitig sicher war, daß sich der Kapitalismus seinem Ende zubewegt.

Diese Gewißheit wurde zu einem jener Erbteile des Marxismus, die am meisten Verwirrung gestiftet haben. Generationen von Marx-Exegeten und Revolutionären haben sich mit dieser Hinterlassenschaft herumgeschlagen, haben die tausenden eng beschriebenen Seiten seines Nachlasses durchforstet, die Formulierungen hin und her gewendet und sich die Bruchstücke gegenseitig an die Köpfe geworfen. Die entscheidende Frage, die die Thesen des historischen Materialismus unbeantwortet lassen, war nämlich folgende: Wenn die inneren Bewegungsgesetze des Kapitalismus die Spannungen und Widersprüche aufs Äußerste verschärfen, führt das »dann notwendig zur Revolution«, wie Marx in den »Ökonomisch-philosophischen Manuskripten« (MEW Ergänzungsband 1, S. 510) formulierte? Marx hat diese These, daß die kapitalistische

Klassenherrschaft gleichsam naturnotwendig auf ihr Ende hinsteuere, nicht nur in dieser Jugendschrift formuliert, sondern auch noch später unterstrichen. So schrieb er etwa 1852 in einem Brief an seinen Freund Weydemeyer: »Was mich betrifft, so gebührt mir nicht das Verdienst, weder die Existenz der Klassen in der modernen Gesellschaft noch ihren Kampf unter sich entdeckt zu haben. Bürgerliche Geschichtsschreiber hatten längst vor mir die historische Entwicklung dieses Kampfes der Klassen, und bürgerliche Ökonomen die ökonomische Anatomie derselben dargestellt. Was ich neu tat, war 1. Nachzuweisen, daß die *Existenz der Klassen* bloß an *bestimmte historische Entwicklungsphasen der Produktion* gebunden ist; 2. Daß der Klassenkampf notwendig zur *Diktatur des Proletariats* führt …«[45]

Dies ist nun wahrhaftig eine explosive, brisante Erbschaft, an der die Marxisten nach Marx schwer zu tragen hatten. Wenn die »*wirkliche* Bewegung« der kapitalistischen Gesellschaftsformation »notwendig« zum Sturz der bürgerlichen Ordnung und zur Herrschaft des Proletariats führt, drängt sich sofort die Frage auf, welche Rolle dann den Kämpfenden jener Klassenkämpfe zukommt, die für Marx den Motor der Geschichte darstellen. »Solange man die entscheidenden Thesen der materialistischen Geschichtsauffassung vertritt, ist der Klassenkampf in Wirklichkeit kein eigenständiger Faktor«, urteilte so etwa der unlängst verstorbene französische Theoretiker Cornelius Castoriadis.[46] Mit der Einführung des Begriffs der »historischen Notwendigkeit« habe der Befreiungstheoretiker Marx eine zweite »theologische Entfremdung« ins Werk gesetzt, eine Art »kommunistische Vorsehung« etabliert. Und das mit fatalen Folgen: Dem Revolutionär bleibt nur aufgetragen, mit Energie und Willen der ehernen Notwendigkeit zum Durchbruch zu verhelfen. Die Frage ist nicht mehr, was die Menschen wollen und wünschen, sondern ob sie tun, was ihnen von der Geschichte aufgetragen ist: die Produktivkräfte entwickeln und die Fesseln der Produktionsverhältnisse, wenn es denn einmal soweit ist, zu sprengen.

Die Menschen, um deren Befreiung es gehen sollte, sind dann nur mehr Exekutoren historischer Gesetze, die von ihnen unabhängig oder doch zumindest auf nur sehr vermittelte Weise die Produkte des Tuns eben dieser Menschen sind. Der proletarische Klassenkämpfer ist so besehen nur eine Marionette in der Hand dieses Weltgesetzes. Manche Kritiker sahen in dieser Gedankenbewegung die Ur-Sache des Stalinismus: Wehe, das Proletariat tut nicht, was ihm vor der Geschichte zukommt – dann wird es mit Gewalt in das Gehäuse der ehernen Notwendigkeit gezwungen. Im Namen einer solchen Revolution, die den Menschen aus den Augen verliert und nur noch die historischen Gesetzmäßigkeiten im Blick hat, ist alles erlaubt – auch der blutige Kampf gegen den Menschen selbst. Dies ist die Pointe der bitteren Marx-Kritik, die der französische Schriftsteller Albert Camus gegen dieses Verständnis von Revolution vorbringt. Sie macht den Menschen wieder zum bloßen Spielball, allenfalls zum Agenten der Geschichte, wohingegen »die Revolte« die Weigerung des Menschen ist, »als Ding behandelt und auf die bloße Geschichte zurückgeführt zu werden.«[47] Camus' Revolte ist somit auch eine Revolte gegen eine Revolution, die vom Menschen auch noch verlangt, in sein Leiden einzuwilligen, des Vollzugs einer historischen Zwangsläufigkeit wegen. Wie weit sich eine solche Hingabe an die historische Notwendigkeit ausreizen läßt, hat Bertolt Brecht in seinem berühmten Lehrstück »Die Maßnahme« vorgeführt. »Umarme den Schlächter / aber ändere die Welt: sie braucht es«, heißt es darin, und weiter: »Klagend zerschlugen wir unsere Köpfe mit unseren Fäusten / Daß sie uns nur den furchtbaren Rat wußten: jetzt / Abzuschneiden den eigenen Fuß vom Körper; denn / Furchtbar ist es, zu töten. / Aber nicht andere nur, auch uns töten wir, wenn es nottut / Da doch nur mit Gewalt diese tötende / Welt zu ändern ist, wie / Jeder Lebende weiß. / Noch ist es uns, sagten wir / nicht vergönnt, nicht zu töten. Einzig mit dem / Unbeugbaren Willen, die Welt zu verändern, begründeten wir / Die Maßnahme.«

Marx ist nirgendwo so weit gegangen. Im Gegenteil: Er hat an vielen Stellen seines Werkes eine allzu deterministische Lektüre nachhaltig irritiert. Immer wieder hat er darauf insistiert, daß die von der Nationalökonomie entdeckten ökonomischen Gesetze keine Naturgesetze sind, sondern »daß diese bestimmten sozialen Verhältnisse ebensogut Produkte der Menschen sind wie Tuch, Leinen etc.« (MEAW 1, S. 287) – und damit nur als Gesetze wirken, solange die Menschen sie nicht verändern. Berühmt ist seine Wendung geworden, die »Tradition aller toten Geschlechter lastet wie ein Alp auf dem Gehirne der Lebenden« (Der achtzehnte Brumaire des Louis Bonaparte. MEAW 2, S. 308). Dies ließe sich nur schwer nachvollziehen, käme der Produktivkraftentwicklung alle geschichtliche Gewalt zu und wäre es tatsächlich völlig irrelevant, welchen Illusionen die Menschen anhingen, welche Wünsche sie hegten. Die Produktivkraftentwicklung ist, wenn man so will, das Feld des Wirklichkeitssinns, das dem menschlichen Möglichkeitssinn seine Grenzen steckt: »Wenn wir nicht in der Gesellschaft, wie sie ist, die materiellen Produktionsbedingungen und ihnen entsprechenden Verkehrsverhältnisse für eine klassenlose Gesellschaft vorfänden, wären alle Sprengversuche Donquichotterie«[48], hat Marx später in den »Grundrissen« formuliert – und mehr hat der historische Materialismus wohl nie zu sagen versucht. Schließlich hat Marx immer wieder viel Zeit in die Sammlung der revolutionären Kräfte investiert, was ja ziemlich nutzlos wäre, käme die Revolution von selbst – wäre dies so, würde diese Aktivität etwa so sinnvoll sein wie die Gründung einer Partei zur Herbeiführung der nächsten Sonnenfinsternis. Aber Marx war durchdrungen vom Fortschrittsglauben der Moderne und hat damit genügend widersprüchliche und irreführende Gedankenbruchstücke hinterlassen, die es manchen seiner späteren Schüler erlaubten, seiner Lehre eine »deterministische, fatalistische, mechanistische« Schlagseite zu verleihen, wie es Antonio Gramsci ausdrückte. Gramsci hat sein Leben lang gegen diese Simplifizierungen angeschrieben, ebenso wie der französische Marxist Louis Althusser, der fragte: »Wie könnte man, theoretisch, die Gültigkeit der fundamentalen marxistischen Lehre aufrechterhalten, daß ›der Klassenkampf der Motor der Geschichte‹ ist, d. h. theoretisch aufrechterhalten, daß es durch den *politischen* Kampf möglich ist, die ›*existierende Einheit zu zerspalten*‹, wenn wir bestimmt wissen, daß nicht die Politik, sondern die Ökonomie in letzter Instanz determinierend ist?«[49]

Tatsächlich hat aber wohl nicht zuvorderst theoretische Ungenauigkeit, sondern simple menschliche Schwäche diese Schieflage noch verstärkt. Dieser Determinismus, erkannte Gramsci, hatte doch einen Sinn: war er doch »historisch notwendig geworden und gerechtfertigt durch den ›subalternen‹ Charakter bestimmter gesellschaftlicher Schichten. Wenn man nicht die Initiative im Kampf hat und der Kampf selbst folglich am Ende mit einer Reihe von Niederlagen identifiziert wird, dann wird der mechanische Determinismus zu einer erstaunlichen Kraft moralischen Widerstands … ›Ich bin momentan besiegt, aber die Macht der Dinge arbeitet langfristig für mich usw.‹«[50] So war diese Zukunftsgewißheit eine Verirrung, eine besonders betörende noch dazu, weil kraftspendend: Mochten die unteren Klassen auch erniedrigt und beleidigt sein, kujoniert und einflußlos, verfolgt, sobald sie den Kopf hochreckten – ihre Angehörigen konnten sich immer aufs neue versichern, die Zukunft wäre die ihre; eine ungeheure, unerschöpfliche Quelle moralischer Erbauung, aus der die »gewaltigsten Impulse zur praktischen Initiative« entspringen, die sich, so Gramsci, in die »äußerste Anspannung des kollektiven Willens« zu verwandeln vermag.[51] Marx hätte das übrigens nicht viel anders gesehen. Wenige Jahre vor seinem Tod formulierte er in einem Brief: »Der Traum vom nah bevorstehenden Untergang der Welt feuerte die primitiven Christen an in ihrem Kampf gegen das römische Weltreich und gab ihnen Siegesgewißheit.«[52]

Heute ist bei Linken aller Couleur diese Siegeszuversicht verlorengegangen. Geblieben freilich ist, wie eingangs gezeigt, die objektivistische Schlagseite, die Aversion gegen moralische Beweggründe, gegen Flausen im Kopf und bei manchen auch eine gewisse postbolschewistische Schneidigkeit, mit der noch die – um zurückhaltend zu formulieren: unsympathischeren – Resultate der kapitalistischen Globalisierung als Preis des Fortschritts verbucht werden, der eben zu bezahlen ist – mit einem leisen Achselzucken allenfalls. Der historische Materialismus behauptete in seinem Kern, es lohne sich nur für das einzutreten, was sich im Horizont des Möglichen bewege, wohingegen alles Wünschen nichts helfe, wenn die Wirklichkeit in eine andere Richtung dränge. Dies ist wohl so richtig wie einst – aber wer sich beispielsweise für eine gerechtere Gesellschaft oder für einen schonenderen Umgang mit der Natur einsetzen will, mußte zur Kenntnis nehmen, daß keine geheimen Kräfte in der Geschichte ihm die Arbeit abnehmen. Die Welt wird sich nur in eine andere Richtung entwickeln – wenn sie das denn überhaupt sollte –, so sich vernunftbegabte, mit einem freien Willen ausgestattete, moralische Individuen dafür einsetzen.

Der amerikanische Sozialphilosoph Gerald A. Cohen hat in einem jüngst auf deutsch erschienen Büchlein den Finger genau auf diese offene Wunde gelegt. Cohen, ein Veteran der alten US-amerikanischen Linken, war sein halbes Leben der These angehangen, die er inzwischen für den Grundirrtum des Marxismus hält: »Der Kapitalismus wird, mit ein bißchen Hilfe von den Freunden des Sozialismus, den Sozialismus selbst hervorbringen.«[53] Nun aber habe er, wie er schreibt, »zu einer moralischen Auffassung übergewechselt«. Heute plädiert er dafür, »sich von Idealen inspirieren«[54] zu lassen, denn gerechte Gesellschaften wird es ohne »ein Ethos der Gerechtigkeit« nicht geben; um die empörungswürdigsten Umstände zu beseitigen, brauche es »gerade des Sauerteigs der Moral«[55]. Ohnehin, so Cohen, waren alle Vorstellungen, politischer Aktivismus benötige keine Moral, sondern nur Einsicht in historische Notwendigkeiten – und allenfalls ganz praktische Interessen, zu deren Durchsetzung man sich zusammenfindet – immer schon »Prahlerei«, bei allem Vertrauen in die Geschichtsläufe hätten Marx zuvorderst Werte motiviert: »Denn Werte wie Gleichheit, Gemeinschaft und menschliche Selbstverwirklichung waren zweifellos in die Denk- und Argumentationsstrukturen des Marxismus eingelassen.«[56] Jetzt plädiert Cohen für eine Art aufgeklärten Moralismus, »ohne erneut dem Utopismus zu verfallen«. Weltfremd ist es zwar, sich gegen die Wirklichkeit zu stemmen. Aber wenn auch die Welt ihren Lauf nimmt, so kann sie doch verschiedene Richtungen einschlagen. Welche sie wählt, hängt auch von Individuen und ihrer Moral ab, davon, wofür sie sich stark machen. Cohen: »Menschen haben die Möglichkeit, sich zu entscheiden.«[57] Und: »Wir müssen mit den gesellschaftlichen Kräften arbeiten, ohne vielleicht immer die von ihnen bevorzugte Richtung einzuschlagen.«[58] Sein New Yorker Politologen-Kollege Stephen Bronner hat das unlängst so formuliert: Heute lasse sich das Eintreten für sozialistische Werte oder ähnliches »nur noch aus der ethischen Überzeugung rechtfertigen, daß so die Gerechtigkeit befördert werde«.[59]

Gewiß hat Moralismus auch etwas Uncooles. Auch neigen moralisch empörte Aktivisten zum Aktivismus seiner selbst wegen: Sie müssen immer in Bewegung bleiben,

Stillstand ist der Tod des Engagements – das finden ruhigere Naturen oft nervtötend, zumal alles mit allem zusammenhängt: Krieg mit geostrategischen Interessen mit Neoliberalismus mit Armut mit Umweltzerstörung und so weiter und so fort. Überall passiert auf dem Globus etwas Deprimierendes. Allzu leicht überschreiten jene, die zum großen J'accuse anheben, den schmalen Grat, der moralischen Pathos vom schlichten Kitsch trennt, und enden in einem krausen Schwadronieren. Doch all dies ist kein Grund für den Affekt gegen ethische Überzeugungen. Die sind nicht weltfremd, sondern Realität, sie haben ihre eigene Macht und sind nicht zu trennen von den Ideen, von der Philosophie, von der Marx sagte, sie »wird zur materiellen Gewalt, sobald sie die Massen ergreift« (MEW 1, S. 18).

In Karls Welt
Oder: Nie gab es eine famosere Zeit

*Der Globus fährt Achterbahn: Vormärz, Revolution
und der Boom der 1850er Jahre*

Wenn Ideen die Massen ergreifen und zur materiellen Gewalt werden, so nennen wir das Revolution. Es gehört zu den seltsameren Koinzidenzen, daß das »Kommunistische Manifest«, als die ersten gedruckten Exemplare, gebunden in einem hübschen gelben Umschlag, aus der Londoner Druckerei kamen, beinahe schon wieder überholt war. »Alle Mächte des alten Europa haben sich zu einer heiligen Hetzjagd gegen dies Gespenst verbündet, der Papst und der Zar, Metternich und Guizot, französische Radikale und deutsche Polizisten« (MEAW 1, S. 415), heißt es in der Eingangswendung. Als die Druckbogen mit diesen Zeilen in London aus den Druckmaschinen ratterten, kam aus Frankreich schon die Kunde, die Revolution sei ausgebrochen, in den Straßen werde auf Barrikaden gekämpft. François Guizot war als Premierminister abgesetzt, der König dankte ab. Ein Flächenbrand fegte durch Europa. Drei Wochen danach war Metternich aus Wien geflohen, hatten die Unruhen Berlin erreicht. Von Ungarn über Italien bis in die Rheinlande begann ein »Völkerfrühling«. Auch die belgische Polizei verfiel in Panik. Anfang März 1848 unterzeichnete der König den Befehl an den Autor des Manifestes, sein Brüsseler Exil binnen vierundzwanzig Stunden zu verlassen.

Für Marx eine Unpäßlichkeit, er mußte mit seiner Frau und seinen drei Kindern den Hausstand kurzerhand auflösen – doch keine Tragödie. Denn schon hatte den Revolutionär Marx eine Botschaft der französischen Revolutionsregierung erreicht. »Wackerer, aufrichtiger Marx, der Boden der französischen Republik ist eine Freistätte für alle Freunde der Freiheit. Tyrannenmacht hat Sie verbannt, das freie Frankreich öffnet Ihnen seine Tore wieder. Ihnen und all denen, die für eine heilige Sache, die brüderliche Sache aller Völker, kämpfen.« Marx, seine Frau Jenny, die Kinder Jenny, Laura und Edgar gingen nach Paris, in die Welthauptstadt der Revolution, die sie drei Jahre zuvor unfreiwillig verlassen mußten. Marx warf sich in das Getümmel, das sich deutlich angekündigt hatte. Nun tobte eine richtige Schlacht, nun konnte der streitsüchtige Marx die oft recht lächerlichen Kriegspfade verlassen, auf die er sich davor mit so viel Leidenschaft begeben hatte, gegen eitle Propheten, überschätzte radikale Handwerker oder einfach nur Umstürzler, die die Führungsrolle, die er wie selbstverständlich beanspruchte, nicht zu akzeptieren bereit waren. Es entlud sich in Europa eine seltsame, schwer zu beschreibende revolutionäre Energie, die sich – sowohl in intellektueller wie politischer und sozialer Hinsicht – in den vierziger Jahren aufgestaut hatte. Es war eine Zeit, in der das Neue, so amorph es auch war, untergründig rumorte. Es war eine Zeit, die Weltbewegern günstig war.

»Während der mittleren Jahrzehnte des neunzehnten Jahrhunderts stand Empfindsamkeit überaus hoch im Kurs«, faßt Isaiah Berlin in einer Marx-Monographie das Gepräge dieser Zeit zusammen.[60] »Was zunächst nur die seltene Erfahrung außergewöhnlicher Künstler wie Byron und Shelley, Rousseau und Chateaubriand, Schiller und Jean Paul gewesen war, wurde unmerklich Gemeingut der europäischen Gesellschaft.« Die Zerrissenheit der Welt wurde zu einer sich verallgemeinernden Empfindung, es war die wahre Geburtsepoche der Moderne. Alles Überlieferte taugte nichts mehr, je nach Naturell beflügelte ein Beginnerpathos die Zeitgenossen oder schlich sich ein tragisches Grundgefühl über die Entzweiung alles Bisherigen ein. Aus den kleinen Gemeinschaften wurde eine Gesellschaft mit ihren paradigmatischen Individuen. »Zum erstenmal«, schrieb Berlin, »wurde eine ganze Generation durch die persönlichen Erfahrungen von Männern und Frauen gefesselt ... Diese Tendenz zeigte sich auch in Leben und Lehren der großen demokratischen Revolutionäre sowie in der leidenschaftlichen Anbetung seitens ihrer Anhänger; so wurden Mazzini, Kossuth, Garibaldi, Bakunin und Lassalle nicht nur als heldenhafte Streiter für die Freiheit bewundert, sondern auch um ihrer romantischen, poetischen Persönlichkeiten willen.« Marx sah sich selbst auch als Weltbeweger, doch das romantische Getue mancher seiner großmannssüchtigen Zeitgenossen, denen die Heldenpose zur zweiten Natur geworden war, ging ihm ebenso auf die Nerven. Mit viel Verve und kindlicher Freude an ätzender Polemik machte er sich Feinde en masse unter den *petits grands hommes*, über die er so gerne herzog. Unter den Revolutionären seiner Tage war er eine seltsame, eine einsame Gestalt.

Und doch schwamm er im Strom der Zeit. Die Zeit war in Bewegung geraten, der Phantasie schien keine Grenze gesetzt. Wie deutlich klingt das in einem Brief an, den

Marx wenige Jahre später an seinen Freund Weydemeyer schrieb: »Man kann in keiner famoseren Zeit auf die Welt kommen als heutzutage. Wenn man in sieben Tagen von London nach Kalkutta fährt, werden wir beide längst geköpft sein oder Wackelköpfe haben. Und Australien und Kalifornien und der Stille Ozean! Die neuen Weltbürger werden nicht mehr begreifen, wie klein unsere Welt war.«[61] Die Jahre vor 1848 waren wahrhaftig mehr als nur »eine Zeit« – es waren Jahre mit Epochenbewußtsein. Der Zeitgeist war demokratisch, liberal und färbte sich sozialistisch. Das Wort *Bourgeois* war, weit über Marxens kleine kommunistische Zirkel hinaus, ein Schimpfwort geworden, das die Krämerwelt mit bestimmten Schichten des liberalen Bürgertums identifizierte, einer inzwischen altmodischen Kaste, die sich an ihren Wohlstand und ihren *Comme il faut* klammerte, während vor jedermanns Augen die Welt aus den Angeln geriet. Das große Sinnbild wurden die Eisenbahnen, die ein Zukunftszauber umwehte, wie er uns Heutigen nicht mehr vorstellbar ist. Die Städte schwollen an, die überdachten Passagen wurden zu glitzernden Tempeln des Neuen, in die verwinkelten Straßenzüge wurden breite Boulevards geschlagen. Paris war die Hauptstadt dieser *modernité*, wie London das pulsierende Herz des neuen Kapitalismus war. Nicht nur Heine und der Dichter Charles Baudelaire – gewissermaßen der Urvater der literarischen Moderne –, sondern auch Flaubert und Courbet, Balzac und Charles Darwin, George Sand und Proudhon prägten ihre Zeit. Und der Geniekult fand im Bohèmien seine paradigmatische Gestalt. »Die Bohème besteht aus lauter jungen Leuten über zwanzig, aber unter dreißig, die alle auf ihre Art Genie haben«, schrieb Balzac in seinem »Un prince de la Bohème«. »Man findet Schriftsteller, Politiker, Militärs, Journalisten, Künstler unter ihnen, alle Fähigkeiten, alle Talente sind repräsentiert.«[62] Alle Traditionen, alle Erfahrung entwerteten sich in rasendem Tempo. Die industrielle Revolution und der technologische Fortschritt mit all ihren Begleiterscheinungen, jähem Reichtum, krassem Elend, übten eine ungeheure Faszination aus, führten aber auch zu kultureller Verstörung und Verwirrung. Die beschleunigte Welt war für viele ihrer Zeitgenossen eine Schockerfahrung, auf die manche mit schroffer Abwehr, viele mit einem Technikkult, mit der Anbetung alles Neuen reagierten – die Irritationen, für die diese Welt sorgte, wurden wiederum zum Material der avanciertesten Künstler.

Es war eine Wendezeit, deren Tendenzen deutlich spürbar waren – schon in den vierziger Jahren (wenngleich sie sich erst im »großen Boom«, dem steilen Wirtschaftsaufschwung ab 1850 machtvoll durchsetzen sollten) – und die schier zwangsläufig in das »rasende Jahr« 1848 mündeten. In Paris hielt es den staatenlosen Rheinländer Marx, ebenso wie die meisten anderen radikalen deutschen Flüchtlinge, nicht lange. Noch im März ging Marx nach Köln zurück, seine Familie folgte im April. Gemeinsam mit seinem Freund Friedrich Engels, der ihm in den vergangenen drei Jahren zum liebsten und treuen Intimus geworden war – und es für den Rest ihres Lebens bleiben sollte –, beschloß Marx, das alte Zeitungsprojekt aus den frühen vierziger Jahren wiederzubeleben, diesmal unter dem Titel »Neue Rheinische Zeitung«. Dafür opferte Marx, der immer in Geldschwierigkeiten war, sogar den kärglichen Rest, der ihm von seinem väterlichen Erbe geblieben war. Leidenschaftlich schrieb er gegen das mutlose Palaver in der Frankfurter Nationalversammlung und in der preußischen Nationalversammlung an, deren Volksvertreter in Marx' Augen den revolutionären Moment vorübergehen ließen und so der Reaktion in die Hände arbeiteten. Marx ließ sich in viele Händel ein, sprach auch bei Massenkundgebungen, versuchte die bewaffnete Revolutionsstreitmacht aufzuwiegeln – doch es half alles nichts. Die revolutionäre Flut verebbte, die alten Mächte saßen wieder fest im Sattel. Mit einer Fülle von Gerichtsverfahren untergruben die Behörden die Streitlust von Marx' Redakteuren, schließlich wurde seine Ausweisung verfügt. Von Berlin über Paris bis Wien wurde der Aufstand mit Gewalt niedergeschlagen, gingen die Hoffnungen im Feuer der etablierten Ordnung unter. Marx reiste ab nach Paris, wohin ihm seine Frau Jenny, zum vierten Mal schwanger, folgte. Auch hier von der restaurierten Staatsmacht schikaniert, wählte Marx ein anderes Exil. Am 27. August schiffte der deutsche Revolutionär sich auf der »City of Boulogne« in Dover ein. London, die damalige Hauptstadt des Weltkapitalismus, sollte für 34 Jahre die letzte Heimat von Marx werden.

Wieder warf sich Marx sofort ins Getümmel. »Es war wie in den alten Zeiten in Paris oder Brüssel – ein Strudel von Intrigen, Abrechnungen und Führungskämpfen«, schreibt Francis Wheen in seiner bemerkenswerten Marx-Biographie, der diese knappe Darstellung übrigens viel verdankt.[63] Es waren schwere Jahre für Marx und seine Familie, voller materieller Not – nur gelindert durch den treuen Engels, der dem Freund wie selbstverständlich nachreiste. Engels ging, als der Geldmangel zu groß wurde, contre cœur nach Manchester, wo er zunächst als Kommis (später als Teilhaber) in die Filiale der Textilfirma seines Vater eintrat. Sein Leben lang hat er über den »verhaßten Schacher«[64] geklagt, den »hündischen Kommerz«[65], der ihn freilich in die Lage versetzte, die freie Autoren- und Wissenschaftlerexistenz seines genialen Freundes zu finanzieren. Dieser hatte sich inzwischen, nachdem er sich mit den meisten seiner Genossen aus dem Exil überworfen hatte, seinen lange geplanten und immer wieder aufgeschobenen – und durch die Weltläufe unterbrochenen – ökonomischen Studien zugewandt. »Man sieht mehr und mehr ein, daß die Emigration ein Institut ist, worin jeder notwendig ein Narr, ein Esel und ein gemeiner Schurke wird«, schrieb Engels 1851 seinem Freund und der erwiderte, »mir gefällt sehr die öffentliche, authentische Isolation, worin wir zwei, Du und ich, uns jetzt befinden«[66]. Schließlich erlaube diese konzentriertes Arbeiten. Marx zog sich in den Lesesaal des British Museum zu seinen ökonomischen Studien zurück – wenn er sich nicht durch neue Narreteien und Eseleien unterbrechen ließ. Nur zu gerne legte er seine ökonomischen Manuskriptblätter beiseite, wenn am Horizont irgendein aufgeblasener Weltverbesserer auftauchte, dem er eine überdimensionierte Spottschrift widmen konnte. Indes seine Familie in eine bizarre Art von Elend schlitterte. Immerzu fehlte es an Pennys, um Brot oder Fleisch oder die Miete zu bezahlen. So tauchten bisweilen die Bäcker vor dem Hause der Familie Marx auf und schworen, es werde solange kein Brot mehr geliefert, bis die offenen Rechnungen bezahlt seien. Marx befand sich in einer Art »permanenten Belagerungszustand«, schildert Wheen: »Polizeispitzel aus Preußen lungerten ständig in der Gegend herum und notierten jeden, der kam und ging, zornige Fleischer, Bäcker und Gerichtsvollzieher hämmerten unablässig gegen die Tür.« Der Gesundheitszustand seiner Frau Jenny und seiner Kinder verschlechterte sich zusehends, drei von ihnen starben, bevor sie das zehnte Lebensjahr erreichten.

Tatsächlich lebte Marx aber, entgegen aller Mythen, die sich hartnäckig halten, nicht als heruntergekommener Pauper, sondern seine Bedrängnis war »von der Art in Not geratener feiner Leute, die verzweifelt versuchten, den äußeren Schein zu wahren und an ihren bürgerlichen Gewohnheiten festzuhalten. So konnte er in den fünfziger Jahren kaum seine Kinder ernähren, und doch bestand er darauf, einen Sekretär zu beschäftigen.«[67] Marx wohnte auch in den Notjahren meist in stattlichen Häusern in den besseren Londoner Gegenden, umsorgt von Helene Demuth, dem Dienstmädchen, das Marx' Schwiegermutter dem Paar mitgegeben hatte – Jenny, geborene von Westphalen, entstammte schließlich den Spitzen der Trierer Gesellschaft, und Marx, »lächerlich stolz darauf, eine wirkliche Dame geheiratet zu haben«[68], war stets darauf bedacht, seiner Frau einen angemessenen Lebensstil zu bieten. Ferienreisen an die See, Klavierstunden für die Kinder, ein repräsentatives Heim, Ballkleider und Tanzstunden für die Mädchen (»damit die Kinder … Beziehungen und Verhältnisse eingehn können, die ihnen eine Zukunft sichern können«[69]), waren einfach ein Muß – im Gegensatz zu Nebensächlichkeiten wie der Bezahlung von Arzt- oder Gemüserechnungen. Anhand der Zuwendungen von Engels und der eigenen Einkünfte von Marx hat Francis Wheen errechnet, daß der Autor des Manifestes auch in den bittersten Zeiten ein Jahresbudget von mindestens 200 Pfund zur Verfügung hatte, womit eine Mittelstandsfamilie durchaus ein Auskommen hätte finden können. Aber Marx war, während er versuchte, die tieferen Geheimnisse des Kapitalismus zu entschlüsseln, eben ein recht seltsamer Haushälter in privaten Dingen, und so erreichten Engels immer wieder Klagen. »Ich glaube nicht«, schrieb Marx, als er sich mit den Tücken der Waren- und Geldwirtschaft theoretisch herumschlug, »daß unter solchem Geldmangel je über ›das Geld‹ geschrieben worden ist. Die meisten autores über dies subject waren in tiefem Frieden mit the subject of their researches«.[70] Und je tiefer Marx in die Geheimnisse des entwickelten Kapitalismus eindrang, um so öfter rebellierte der Körper des Mannes, der – wir dürfen das nicht vergessen – Mitte der fünfziger Jahre gerade erst in seinen späten Dreißigern stand. Von einem chronischen Leberleiden geplagt, Eiterbeulen und Furunkel am ganzen Körper, mußte er bisweilen auf dem Bauch liegend arbeiten, weil er nicht mehr sitzen konnte. Oft dämpfte das sogar den literarischen Ton des früher doch so hell formulierenden Mannes: »Bogen 2 namentlich trägt ein etwas gedrücktes Karbunkelgepräge«[71], erkannte Engels beispielsweise, als er sich zur Lektüre über die Reinschrift des »Kapital« beugte, und wenn Marx besonders gequält war, verlieh er seiner Hoffnung Ausdruck, »daß die Bourgeoisie ihr ganzes Leben lang an meine Karbunkeln denken wird«[72].

Der Versuch, die erstaunliche Persönlichkeit von Marx zu ergründen, hat schon viele ratlos zurückgelassen – mit Ausnahme jener linken Hagiographen natürlich, die ihn zu einem heldenmütigen und edlen Säulenheiligen der kommunistischen Weltbewegung stilisierten, und jener dumpfen Reaktionäre, die ihn nicht genug dämonisieren konnten. Marx war ein ebenso selbstherrlicher, streitsüchtiger Tyrann wie ein einnehmender Kumpan, der Mitstreiter durch seinen Charme an sich zu binden vermochte. Er war ein schneidiger Revolutionär und brillanter Formulierer mit einem oft an Größenwahn grenzenden Selbstbewußtsein (die Revolutionäre konspirieren »öffentlich, wie die Sonne gegen die Finsternis konspiriert«, schleuderte er etwa seinen übermächtigen Feinden entgegen[73]) und ein sanftmütiger, zärtlicher Vater, der noch lieber mit seiner Kinderschar sonntags Ausflüge auf die Heide von Hampstead Heath unternahm, als die überkommene Ordnung in Europa in Brand zu stecken. Ein verwegener Denker, der seine Tage mit ökonomischen Studien verbrachte, seinen Jüngsten am Abend stundenlang die phantastischsten Geschichten erzählte und der sich nach ausgedehnten Kneipentouren mit seinen Kommunistenfreunden einen Spaß daraus machen konnte, die gläsernen Lampen der Gaslaternen mit Steinwürfen zu zertrümmern. Er war ein komischer Kauz und ein witziger Mann, der nächtelang palavern und zechen konnte und die weitläufige Schar um sich mit ulkigen Spitznamen ausstattete – auch seine Kinder nannten ihn selbst nur »Mohr«, Engels, der sich für Militärdinge interessierte, hieß der »General«. Marx konnte in die abstraktesten ökonomischen Abhandlungen eintauchen und sich im nächsten Augenblick für den jüngsten gesellschaftlichen Sex-Skandal begeistern oder für die Furzereien einer französischen Prinzessin.

Marx war also: derb, eigensinnig, feinfühlig, kalt und romantisch. Ein Genie voller Widersprüche, wie auch sein Werk die gegensätzlichsten Lesarten zuläßt. »Wie konnte er«, fragt Wheen mit allem Recht, »zugleich dermaßen irren und doch so recht haben?«[74] Als seine drei Töchter Marx in den sechziger Jahren einen der zu jener Zeit so beliebten Bekenntnis-Fragebogen vorlegten, beantwortete Marx die Frage nach seiner Lieblingsmaxime mit dem lateinischen »Nihil humani a me alienum puto« – »Nichts Menschliches ist mir fremd«. Und selbst bei der trockenen Analyse des Konkurrenzprinzips zwischen verschiedenen Kapitalisten kam er bisweilen zu einem derben Schluß: »Es ist also klar«, notierte Marx in den »Grundrissen« nach einer längeren Ableitung, »daß Kapital I im Arsch ist.«[75]

Die automatische Welt
Oder: Der Kapitalismus, ein Theater ohne Autor

Marx' Lebenswerk: »Das Kapital«

New Economy und Börsenwahn; Dax und Dow Jones; Finanzmärkte und Realwirtschaft; Innovation und Produktion; Marktwirtschaft und Netzwerklogik; Kapitalmobilität und globale Arbeitsteilung; Handel mit Dienstleistungen, mit Rohstoffen und mit Hoffnungen; Multis, Direktinvestitionen und strategische Allianzen; komplexe Maschenwerke und geplatzte Seifenblasen; Deregulierung und Staatsintervention; Toyotismus und Silicon Valley; Korporatismus und neue Selbständigkeit – wer die Liste der Schlagwörter, die die Lingua Franca der Wirtschaftsblätter bilden, aufzusagen versucht, dem raucht schnell der Kopf. Die endlose Liste der Neuschöpfungen verweist nicht nur auf den exaltierten Charakter der Trendscouts, die für alles einen modernen Namen finden wollen, sondern zuvorderst darauf, daß unser zeitgenössischer Kapitalismus eine geheimnisvolle, sich permanent und rasant wandelnde Struktur ist, deren innerste Bewegungsgesetze nur schwer zu ergründen sind. Wie funktioniert dieser Kapitalismus? Diese Frage wird zunehmend häufiger gestellt, vor allem wohl deswegen, weil den Blütenträumen von der »krisenfreien Ökonomie«, die selbst von ernstzunehmenden Wirtschaftswissenschaftlern in den neunziger Jahren gesponnen wurden, nun die allgemeine Depression folgte. Die globale Wirtschaft schlitterte 2002 in eine Schwächeperiode.

Panik machte sich breit, nicht zuletzt deshalb, weil die Gründe dieser Krise sich nicht leicht nennen lassen, da alles mit allem zusammen hängt: Psychologie mit Investments, Gewinnerwartungen mit Lagerbeständen, Migrationsströme mit Handelskrisen, der Weltterrorismus mit regionalen Ökonomien. Endlose Bedingungsketten spannen sich auf: Wenn in New York Kamikazeterroristen in zwei Hochhäuser fliegen, dann rasseln die Börsenkurse, weil die amerikanischen Arbeitnehmer die Zukunftsangst packt und sie nicht nur ihren Konsum einschränken, sondern zudem ihre Gelder aus den Pensionsfonds abziehen, die ihre Renditeversprechen ohnehin nicht mehr halten konnten, weshalb deutsche Bankhäuser dann ihre Wertpapierhändler entlassen müssen, was nur zum Teil damit zusammenhängt, daß der Euro gegenüber dem Dollar an Wert gewinnt, ein Umstand, der aber seinerseits wieder zur Folge hat, daß sich die Exporte der europäischen Industrie in die USA verteuern und die konjunkturelle Delle sich vertieft. Weil die Unternehmen weniger verdienen, müssen sie Arbeitsplätze abbauen und schalten folglich auch viel weniger Stellenannoncen in den großen Zeitungen, was wiederum dazu führt, daß bei der »Frankfurter Rundschau«, der »FAZ« und bei der »Neuen Zürcher Zeitung« Journalisten entlassen werden, ein Sachverhalt, der den Artikeln ihrer verbliebenen Kollegen einen etwas deprimierten Ton verleiht und seinerseits wiederum das Investitionsklima nicht gerade verbessert. Hinzu kommen noch etwa siebenundzwanzigtausenddreihundert andere ökonomische und außerökonomische

Umstände, die uns hier aus Platz- und Zeitgründen nicht zu interessieren haben.

Verstanden? Man könnte auch anders formulieren: Wenn in China ein Sack Reis umfällt, muß Herr Mustermann in Buxtehude eineinhalb Monate mehr Lebensarbeitszeit verrichten, da nun in den öffentlichen Rentenkassen ein finanzielles Loch klafft.

Welch ein unergründbares Geheimnis umgibt die Ratio eines Systems, das aus der Kombination unzähliger Teilrationalitäten, aus quer-, schräg- und gegenläufigen Wechselwirkungen, Verhältnissen von Verhältnissen, ein enges Maschenwerk knüpft, das seine eigene Logik gebiert, in der die Subjekte sich verfangen. Brecht hat über nämlichen Sachverhalt Mitte der dreißiger Jahre folgendes zu berichten gehabt. »Für ein bestimmtes Theaterstück brauchte ich als Hintergrund die Weizenbörse Chicagos, ich dachte, durch einige Umfragen bei Spezialisten und Praktikern mir rasch die nötigen Kenntnisse verschaffen zu können. Die Sache kam anders. Niemand, weder einige bekannte Wirtschaftsschriftsteller noch Geschäftsleute – einem Makler, der an der Chicagoer Börse sein Leben lang gearbeitet hatte, reiste ich von Berlin bis nach Wien nach –, niemand konnte mir die Vorgänge an der Weizenbörse hinreichend erklären. Ich gewann den Eindruck, daß diese Vorgänge schlechthin unvernünftig waren. Die Art, wie das Getreide der Welt verteilt wurde, war schlechthin unbegreiflich. Von jedem Standpunkt aus, außer demjenigen einer Handvoll Spekulanten, war dieser Getreidemarkt ein einziger Sumpf. Das geplante Drama wurde nicht geschrieben, statt dessen begann ich Marx zu lesen.«[76]

Und in seinem Stück »Die Heilige Johanna der Schlachthöfe« heißt es:

Wehe! Ewig undurchsichtig
Sind die ewigen Gesetze
Der menschlichen Wirtschaft!
Ohne Warnung
Öffnet sich der Vulkan und verwüstet die Gegend![77]

Die »menschliche Wirtschaft« – sie zerstört und baut auf, schafft Reichtum und Armut, ist raffiniert, streng rational und doch *ver-rückt*. Sie umgreift die globale Weltgesellschaft und spaltet sie gleichzeitig auf, sie zerreißt die Gemeinschaften und zerschneidet selbst die Individuen. Welch absurde und gleichzeitig erstaunliche Rationalitäten das Renditeprinzip zu produzieren imstande ist, zeigt sich exemplarisch am Beispiel der Rentenfonds, die zuletzt von Amerika aus die gesamte kapitalistische Welt eroberten. Wenn beispielsweise ein Stahlarbeiter in einen Pensionsfonds einzahlt, dieser dessen Beiträge an einen Investitionsfonds weiterreicht, welcher wiederum Anteile an seinem Stahlwerk kauft und zur Erhöhung der Rentabilität in der Folge Arbeitsplatzabbau oktroyiert, dann ist es im materiellen Interesse dieses Stahlarbeiters in seiner Rolle als künftiger Rentner, sich selbst zu entlassen.[78] Dieser Kapitalismus, der seinen schier unaufhaltsamen Siegeszug um die Welt angetreten hat, ist also voller Paradoxien, ist stabil und robust und doch prekär und anfällig für Störungen, schlägt Purzelbäume und dreht Pirouetten. Wie in einem wackeligen Mikadospiel bringt das Gleichgewicht durcheinander, wer an einer Stelle der

Struktur zu heftig zieht. Was, wenn unser Stahlarbeiter sich mit anderen Stahlarbeitern zusammentäte, die ihrerseits Anteile an besagtem Rentenfonds halten, und mit diesen gemeinsam den Kapitalverwaltern auftragen würde, das Renditeprinzip nicht mehr allzu streng im Auge zu haben? Er würde auch nicht froh, sondern nur eine rasante Dynamik der Kapitalvernichtung in Gang setzen: Sein Stahlwerk wäre, würde es nicht zu Rationalisierungen gezwungen, in der kapitalistischen Konkurrenz bald hoffnungslos unterlegen, sein Arbeitsplatz wäre hochgradig gefährdet, und seine Ersparnisse wären schnell nur mehr die Hälfte wert – bestenfalls. Wir sehen also, das Kapitalverhältnis unterwirft alle seinem stummen Zwang: die Arbeitnehmer ebenso wie die Kapitalbesitzer, die großen Magnaten nicht weniger als die kleinen Leute. Und was für die Welt der Ökonomie im engen, gilt auch für die gesellschaftliche Struktur in weiterem Sinn. Recht plump wäre es, sich moderne Gesellschaften mit Hinweis auf eine duale Scheidung in souveräne Herrschaft und ohnmächtige Unterklassen vorzustellen. Die gesamte moderne Sozialwissenschaft – vom eher linken Strukturalismus eines Michel Foucault bis hin zur aktuellen Systemtheorie, die sich mit dem Bestehenden gerne abfindet – trägt diesem Sachverhalt Rechnung. Ist für erstere Macht vor allem ein Maschenwerk mit Machtknoten, die ihrerseits von anderen Machtknoten in Schach gehalten werden,[79] ist für zweitere der Eingriff der Subjekte – auch für die »Mächtigsten« – in ein derart raffiniert konstruiertes System nicht mehr denkbar und schon gar nicht wünschenswert. Das Beste, wozu Politik aus solcher Perspektive noch fähig ist, ist »prinzipienloses Lavieren«, das »Verhüten des jeweils Schlimmsten«[80], meint dementsprechend der jüngst verstorbene deutsche Sozialwissenschaftler Niklas Luhmann, da jeder Eingriff in den Selbstlauf des Systems eine unbekannte Zahl nichtintendierter Folgen zeitigen würde, die ihrerseits nur zur Ursache neuer Probleme würden. Ein rationaler Eingriff in die Ratio dieses raffinierten Maschenwerkes wäre also nur möglich, könnte das »politische System« – also die Kaste der professionellen Staatenlenker – mehr Umweltdaten berücksichtigen, »als es berücksichtigen kann«[81]. Da dies schon längst nicht mehr möglich ist, bricht sich die Macht der Mächtigen am Eigensinn des Systems – sie sollen, um ja nicht Schlimmeres anzurichten, darum die Finger davon lassen. Selbstredend gilt das erst recht für die Macht der Schwachen.

Paradoxerweiser hat eine solche Sozialwissenschaft Marx viel zu verdanken – obwohl dem doch die Macht der Schwachen derart am Herzen lag. Wenn wir uns hier nun den ökonomischen Analysen widmen, die das Werk des »reifen« Marx dominieren – wobei wir es, dies soll nicht vergessen werden, mit einem Mann in seinen späten Dreißigern, frühen Vierzigern zu tun haben –, so wollen wir erst einmal daran erinnern, wie Marx zum Ökonomen wurde. »Mein Fachstudium war das der Jurisprudenz, die ich jedoch nur als untergeordnete Disziplin neben Philosophie und Geschichte betrieb«, schreibt er im berühmten Vorwort zu seiner »Kritik der politischen Ökonomie«, die, 1859 erschienen, eine etwas langatmige Kritik der bisherigen ökonomischen Theorien liefert und eine der Vorstudien zum »Kapital« darstellt. »Im Jahr 1842/43, als

Redakteur der ›Rheinischen Zeitung‹, kam ich zuerst in die Verlegenheit, über sogenannte materielle Interessen mitsprechen zu müssen. Die Verhandlungen des Rheinischen Landtags über Holzdiebstahl und Parzellierung des Grundeigentums, … Debatten endlich über Freihandel und Schutzzoll, gaben die ersten Anlässe zu meiner Beschäftigung mit ökonomischen Fragen.« (MEAW 2, S. 501 f.) Marx hatte sich der Ökonomie als Philosoph gestellt und in den *Pariser Manuskripten*, wie wir gesehen haben, den kapitalistischen Welt-Raum entwickelt als von Menschen geschaffene Ding- und Sachenwelt, die als entäußerte Welt den Menschen als fremde Macht gegenübertritt. Er fragte, wenn er sich einem ökonomischen Sachverhalt stellte, nicht in der hermetischen Begrifflichkeit ökonomischer Zwangsläufigkeit, sondern trat gewissermaßen einen Schritt zurück: Welche Handlungen von Menschen sind es, die diese Zwangsläufigkeit erst herstellen, lautete sinngemäß seine stetige Frage. Dieses Prinzip wird Marx beibehalten, auch wenn er, dem Geist der Zeit entsprechend, streng wissenschaftlich die Gesetze der kapitalistischen Produktionsweise zu analysieren versucht. Und strenge Wissenschaftlichkeit hieß in einer Zeit, in der das Publikum betört war von den Fortschritten der physikalischen und chemischen Forschungen, sich an den Methoden der Naturwissenschaft zu orientieren. Marx konnte sich dem Bann dieses Zeitgeistes nicht entziehen und hat so sein Denken, wie Antonio Gramsci schrieb, da und dort »durch positivistische und naturalistische Zusätze entweiht«[82]. Wie wir noch sehen werden, rühren die meisten der Irrtümer und Mißverständnisse, die sich im »Kapital« finden, aus solchen positivistischen Zuspitzungen. Dabei wußte Marx natürlich, daß die Analyse der kapitalistischen Gesellschaft sich nicht den Methoden der Naturwissenschaft unterwerfen kann. »Bei der Analyse der ökonomischen Formen«, schreibt er im Vorwort zur ersten Auflage des »Kapital«, »kann ... weder das Mikroskop dienen noch chemische Reagentien. Die Abstraktionskraft muß beide ersetzen.« (MEW 23, S. 12)

Marx blieb bei der Analyse der Ökonomie *Philosoph*. Dies beweist nicht nur die Gedankenbewegung des »Kapital« und seiner Vorstudien, sondern auch der Umstand, daß er eine kleine Ewigkeit brauchte, um sie zu vollenden. Seine ökonomischen Studien hat er Anfang der fünfziger Jahre begonnen und erst 1867 den ersten Band des »Kapital« fertigstellen können. Und zwar nicht nur, weil er kistenweise Material sammelte und Tag um Tag, Jahr um Jahr, im British Museum über immer neuen Statistiken, immer detaillierteren Berichten brütete, und auch nicht zuvorderst deshalb, weil er sich mit allerlei polemischen oder revolutionären Aktivitäten ablenkte – es war ihm schlicht auch eine Qual, die Komplexität der so raffinierten, multikausal bewegten ökonomischen Realität soweit zu reduzieren, daß seine Analyse zwischen zwei Buchdeckel paßte und für die Leser – wenn auch für solche, »die etwas Neues lernen, also auch selbst denken wollen« (MEW 23, S. 12) – verständlich blieb. Ein erster Versuch endete 1858 in eng beschriebenen Manuskriptblättern, die in gedruckter Form knapp tausend Seiten umfaßten und jeden Leser, der in der Marxschen Denkbewegung nicht geschult war – und das waren zu dieser Zeit wohl mit Ausnahme von Friedrich Engels nahezu alle – hoffnungslos überfordert hätten. Marx legte sie alsbald zur Seite. Dennoch – oder gerade deswegen – zeigt sich in diesem Kompendium, das Ende der dreißiger Jahre des 20. Jahrhunderts in Moskau unter dem Titel »Grundrisse der Kritik der politischen Ökonomie« veröffentlicht wurde, der Marxsche Gedankengang reiner als später im »Kapital«: Seine Schwäche ist auch seine Stärke, ist es doch noch frei von Simplifizierungen, wie sie sich in der »populäreren« Durcharbeitung zwangsläufig finden.

Nichtsdestoweniger blieben die Zugeständnisse ans Populäre freilich auch später gering. »Wirklich populär können *wissenschaftliche* Versuche zur Revolutionierung einer Wissenschaft niemals sein«, heißt es in einem Brief von Marx an seinen Freund Kugelmann Ende 1862.[83] Wie die »Grundrisse« ist das »Kapital« keine Anklage gegen die Kapitalisten, sondern eine Analyse des Kapitalprinzips. Bereits im Vorwort des »Kapital« stellt Marx »zur Vermeidung möglicher Mißverständnisse« fest: »Die Gestalten von Kapitalist und Grundeigentümer zeichne ich keineswegs in rosigem Licht. Aber es handelt sich hier um die Personen nur, soweit sie die Personifikation ökonomischer Kategorien sind, Träger von bestimmten Klassenverhältnissen und Interessen. Weniger als jeder andere kann mein Standpunkt, der die Entwicklung der ökonomischen Gesellschaftsformation als einen naturgeschichtlichen Prozeß auffaßt, den einzelnen verantwortlich machen für Verhältnisse, deren Geschöpf er sozial bleibt, sosehr er sich auch subjektiv über sie erheben mag.« (MEW 23, S. 16) Das Kapitalverhältnis hat sich längst zur subjektlosen Macht über die Subjekte aufgeschwungen und gerade deshalb die relative Freiheit der bürgerlichen Gesellschaft begründet, weil es personaler Macht nicht mehr bedarf. »Raubt der Sache diese gesellschaftliche Macht und ihr müßt sie Personen über Personen geben«, proklamierte Marx bereits in den »Grundrissen«, in der bürgerlichen Gesellschaft ist »persönliche Unabhängigkeit auf *sachlicher* Abhängigkeit gegründet«.[84] Und seinen Freund Kugelmann klärt er in einem Brief darüber auf, »daß der einzelne Fabrikant ... nicht viel in der Sache tun kann«. Welches immer die empirischen Resultate der kapitalistischen Verhältnisse seien, »im großen und ganzen hängt dies ... nicht vom guten oder bösen Willen des einzelnen Kapitalisten ab«[85]. Als Bösewichte erschienen Kapitalisten im Œuvre von Marx nur, wenn sie ihre ökonomische Macht zum Gewinn von politischer Macht – und diese wiederum zur Verteidigung eines anachronistischen sozialen Status quo – benützen. Dann stößt der Revolutionär Marx Blitze aus gegen »die Herren von Grund und Boden und die Herren von Kapital«, die »ihre politischen Privilegien stets gebrauchen (werden) zur Verteidigung und zur Verewigung ihrer ökonomischen Monopole«.[86]

Wie wenig Kompromisse Marx schlußendlich in seiner Ergründung des »naturgeschichtlichen« Prozesses der kapitalistischen Gesellschaftsformation mit dem »Scheißpositivismus«[87] (Brief an Engels, 1866) macht, zeigt schließlich der Umstand, daß er das »Kapital« mit dem komplizierten Kapitel über »die Ware« beginnen läßt. Es kommt anders als jenes über die Verwandlung von Geld in Kapital oder jenes über die Produktion von Mehrwert ohne allzu viele Formeln aus, setzt dafür aber beim Leser eine Sensibilität für Marx' Spiel mit philosophischen Paradoxien voraus. Marx schält die beiden Seiten eines beliebigen Produktes, das zur Ware wird, epigrammatisch auseinander – den Umstand nämlich, daß es sowohl über einen Gebrauchs- wie auch Tauschwert verfügt – und führt aus, daß der Tauschwert den Gebrauchswert zwar voraussetzt, doch nur der Tauschwert die Ware zur Ware macht, weil er ermöglicht, daß sie sich gegen Waren anderer Art und gegen die eine »spezifische Warenart« – die »Geldware« – austauscht. Dann stößt er uns kurz darauf, daß all diese Waren, was immer sie unterscheidet, eines gemeinsam haben, in sie ist Arbeit investiert, deren Quantum allein die Größe des Wertes bestimmt. Anschließend nimmt Marx sich den »Fetischcharakter der Ware« und sein »Geheimnis« vor. »Die Ware«, heißt es hier, »erscheint auf den ersten Blick ein selbstverständliches, triviales Ding. Ihre Analyse ergibt, daß sie ein sehr vertracktes Ding ist, voll metaphysischer Spitzfindigkeit und theologischer Mucken.« (MEW 23, S. 85) Es begegnet uns nun der Argumentationsmodus wieder, den wir aus den *Pariser Manuskripten* schon kennen. »Das Geheimnisvolle der Warenform besteht also einfach darin, daß sie den Menschen die gesellschaftlichen Charaktere ihrer eigenen Arbeit als gegenständliche Charaktere der Arbeitsprodukte selbst, als geschichtliche Natureigenschaften dieser Dinge zurückspiegelt, daher auch das gesellschaftliche Verhältnis der Produzenten zur Gesamtarbeit als ein außer ihnen existierendes gesellschaftliches Verhältnis von Gegenständen.« (MEW 23, S. 86) Aus der *Entfremdung* wird der *Warenfetisch* – der Umstand, daß Produkte, wie *Götzen*, von Menschen produziert, als wären sie mit eigenem Leben beseelt, auf Menschen reagieren und wieder menschliche Reaktionen hervorrufen. Wie von Geisterhand bewegt, weichen sie zurück, je mehr die Menschen nach ihnen streben. »Hier scheinen die Produkte des menschlichen Kopfes mit eigenem Leben begabte, untereinander und mit den Menschen in Verhältnis stehende selbständige Gestalten. So in der Warenwelt die Produkte der menschlichen Hand. Dies nenne ich den Fetischismus.« (MEW 23, S. 86) Im Tauschwert entwickeln die Waren »eine von ihrer Realität verschiedne phantastische Gestalt« (MEW 23, S. 92), der Wert steht den Waren »nicht auf die Stirn geschrieben«, verwandelt jedes Produkt »in eine gesellschaftliche Hieroglyphe«, die die Menschen nicht mehr zu entziffern vermögen. Sie setzen Waren, in die gleiches Quantum Arbeit investiert ist, zwar einander gleich, »sie wissen das nicht, aber sie tun es« (MEW 23, S. 88). Ein Holztisch, »ein ordinäres sinnliches Ding«, verwandelt sich, sobald er als Ware auftritt, »in ein sinnlich übersinnliches Ding« und »entwickelt aus seinem Holzkopf Grillen, viel wunderlicher, als wenn er aus freien Stücken zu tanzen begänne« (MEW 23, S. 85). Dies gilt für den Holztisch wie für das Stück Land, für Perlen und für Diamanten. »Bisher hat noch kein Chemiker Tauschwert in Perle oder Diamant entdeckt.« (MEW 23, S. 98) Der Wert, dieser »Mystizismus«, all der »Zauber und Spuk« (MEW 23, S. 90), hat also – dies die Pointe von Marx' so eloquenter wie amüsanter Schilderung – nichts zu tun mit der sinnlichen Beschaffenheit der Dinge, er sitzt nicht im Edelstein, er wächst nicht aus dem Boden und auch nicht aus dem Holz, sondern aus der Gesellschaft.

Die warenproduzierende Gesellschaft unterscheidet sich durch einige wesentliche Details von allen bisherigen

Gesellschaften. In ihr stehen sich die Subjekte als Freie gegenüber. Gesellschaften, in denen etwa Leibeigene für ihre Herren produzierten, haben es nicht zum verallgemeinerten Warenprinzip gebracht, auch wenn in ihnen Austausch und Geldwirtschaft existiert haben mögen. Doch hier hat etwa der Bauer noch einen fixen Teil seiner Produktion dem Herrn abgeliefert. Diese Produkte, die vom Untergebenen an den Herrn übergingen, waren mitnichten Waren, und das Abhängigkeits- und Ausbeutungsverhältnis lag klar vor Augen. Allerdings: Die einfache Warenzirkulation, die auch in diesen Gesellschaften möglich war, rief das Kapital in seiner simplen, noch rohen Form ins Leben. Ja, es war sogar die kaufmännische Anhäufung von Reichtum möglich, entsprechend der Formel G-W-G', gleichsam der Urformel des Kapitals: Geld; Ware; mehr Geld – ich kaufe eine Ware und verkaufe sie teurer weiter. »Die Warenzirkulation ist der Ausgangspunkt des Kapitals.« (MEW 23, S. 161) Schon hier sehen wir die Eigenart des Kapitals, wenn auch noch in unreifer Form: Es ist immer ein Prozeß. »Das Kapital ist kein einfaches Verhältnis, sondern ein *Prozeß*, in dessen verschiedenen Momenten es immer Kapital ist«[88], formuliert Marx in den »Grundrissen« und fügt hinzu: »Geld hat als Kapital seine Starrheit verloren, und ist aus einem handgreiflichen Ding zu einem Prozeß geworden.«[89] Der Geldbesitzer als Kapitalist unterscheidet sich vom Schatzbildner dadurch, daß es ihm »wie dem Welteroberer« geht, »der mit jedem Land nur eine neue Grenze erobert«. (MEW 23, S. 147) Nun wird sich aber eine entwickelte kapitalistische Gesellschaft nicht damit begnügen können, die Kapitalanhäufung auf Übertölpelung und Übervorteilung oder sonstige Formen der Handelsgewinne zu begründen. Wäre sie darauf angewiesen, daß es Kaufleuten gelingt, Waren teurer weiterzuverkaufen, als sie sie erstanden, wären ihr enge Grenzen gesteckt. Marx entdeckt nun, daß es eine Ware gibt, die mehr »Wert« zu schaffen vermag, als sie selbst »wert« ist: Und das ist die menschliche Arbeitskraft.

Zwei Freie treten sich in diesem ökonomischen Drama gegenüber: der Arbeiter und der Kapitalist. Keiner unterdrückt oder betrügt den anderen. Sie schließen einen Vertrag, wie es sich unter Freien geziemt. Der eine verkauft dem anderen seine Arbeitskraft für eine bestimmte Zeit. Der andere hat das Recht, sie zu benützen. Die Arbeitskraft hat ihren Wert, ihren Preis: »den Wert der zur Erhaltung ihres Besitzers notwendigen Lebensmittel« (MEW 23, S. 185). Hier wären eine Reihe von Einwänden fällig, darunter zwei wesentliche. Erstens: Auch zu Marxens Zeiten erhielten Arbeiter nicht immer nur soviel, daß sie sich gerade ein Brot, ein bißchen Wurst, eine Suppe und ein Dach über dem Kopf leisten konnten. Zweitens: Verschiedene Arbeiter verdienen unterschiedlich viel Geld, obwohl die Menge der Güter, die sie zum Überleben brauchen, relativ gleich ist. Doch die natürlichen Bedürfnisse, ergänzt Marx sofort, »sind verschieden je nach den klimatischen und andren natürlichen Eigentümlichkeiten eines Landes« und abhängig »von der Kulturstufe eines Landes«. So wie der Begriff des *Elends* immer ein höchst relativer ist, so enthält auch »die Wertbestimmung der Arbeitskraft ein historisches und moralisches Element« (MEW 23, S. 185). Der Umstand, daß besser gebildete Arbeitskräfte mehr Salär erhalten als schlechtere, kann ebensowenig verfangen, denn erstere verfügen über »eine Arbeitskraft, worin höhere Bildungskosten eingehen, deren Produktion mehr Arbeitszeit kostet und die daher einen höheren Wert hat als die einfache Arbeitskraft« (MEW 23, S. 212).

Nun fährt Marx bei der Entwicklung seines berühmten »Wertgesetzes« fort: Die Arbeiter, die einen bestimmten Lohn erhalten, werden in Fabriken eingesetzt. Dort bearbeiten sie Güter – Rohstoffe, Vorprodukte –, die einen gewissen Wert haben (also: in ihnen enthaltene, sozusagen »geronnene« menschliche Arbeit), mit Hilfe von Maschinen, von denen wiederum ein Teil ihres Werts (also: in ihnen enthaltene, geronnene menschliche Arbeit) auf das Endprodukt übergeht. Der Wert der Vorprodukte und der Arbeitsmittel plus der Arbeitszeit, die die Arbeiter in sie investieren, macht den Wert des neuen Produktes aus. Der Wertzuwachs ist höher als der Gegenwert, den der Arbeiter zur Bestreitung seiner Lebenshaltungskosten erhält – als der Lohn, das Gehalt. Die Differenz – der »Mehrwert« – wird vom Kapitalbesitzer angeeignet. Ohne ihn übers Ohr zu hauen, hat der Kapitalist mehr eingenommen, als er dem Arbeiter bezahlt. Marx rechnet diese Ableitung an unzähligen Beispielen durch, führt im Detail aus, was etwa geschieht, wenn wenige Arbeiter in kapitalintensiven Branchen arbeiten, wie sich eine gesellschaftliche Durchschnittsarbeitzeit als Wertquantum durchsetzt, wie durch Intensivierung der Arbeit das Verhältnis von jener Arbeit, die notwendig ist, um das Äquivalent des Arbeitslohnes zu produzieren, zur Mehrarbeit zum Vorteil des Unternehmers verschoben werden kann etc. pp. Diese Konkretionen sollen uns hier nicht weiter beschäftigen, ist das Prinzip doch selbst umstritten: daß allein menschliche Arbeit wertschaffend ist und sich in letzter Instanz der Preis eines Produktes durch die investierte Arbeit bemißt.

Marx' Gegner haben diese zentrale These seit 130 Jahren zum Anlaß genommen, das gesamte Gedankengebäude des »Kapital« in Frage zu stellen. Welche Rolle spielt in diesem Konzept der Dienstleistungssektor, welche Bedeutung ist den modernen Wissensarbeitern zugedacht, deren Talente, deren Eloquenz oder deren Fähigkeit, sich zu vermarkten, nicht unwesentlich den »Preis« ihrer »Arbeitskraft« bestimmt – Fragen wie diese prasselten unentwegt auf Marx' Jünger ein, die sich ihrerseits alle Mühe dieser Welt gaben, jedes noch so abseitige Detail in die Theorie einzupassen. Erst jüngst hat der britische Ökonom und Keynes-Biograph Robert Skidelsky den Stab über Marx gebrochen, indem er proklamierte: »Die Hauptthese seiner Ökonomie, die Arbeitswerttheorie, ist zertrümmert und nicht renovierbar.«[90] Ohne Zweifel ist die Arbeitswertlehre, die Marx übrigens nicht selbst aufstellte, sondern mit nur leichten Variationen von dem großen britischen Ökonomen David Ricardo übernommen hatte, etwas grob zugehauen, und man merkt Marx an, wie er mit intellektueller Verve das Prinzip freizulegen versucht, so wie ein Chemiker ein Element isoliert, das er gerade zu entdecken sich anschickt. »Marx bewunderte«, schreibt Francis Wheen in seiner Biographie, »die objektive, unsentimentale Methodologie von Ricardo und Smith. Und in der Tat sind diejenigen Aspekte des ›Kapitals‹ die heute am meisten verlacht werden, wie beispielsweise die Arbeitswerttheorie, von diesen klassischen Ökonomen hergeleitet und waren zu jener Zeit die vor-

herrschende Meinung.«[91] Für einen anderen großen Ökonomen des 20. Jahrhunderts, für Joseph Schumpeter, war
die Arbeitswertlehre zwar nicht falsch, aber doch nur eine
»rohe Annäherung an die historischen Tendenzen der
relativen Werte«[92]. Der Streit um die Arbeitswertlehre
wurde heftig geführt und ist stark ideologisch eingefärbt,
da – unabhängig von wissenschaftlicher Haltbarkeit oder
Unhaltbarkeit der Theorie – ja die Frage mitschwingt, ob
nur die »Arbeiterklasse« den gesellschaftlichen Reichtum
schafft oder der Bourgeoisie ein Teil der Ehre zukommt.
Die Wahrheit wird wohl irgendwo in der Mitte liegen,
doch wird die relative Brauchbarkeit der Lehre, daß im
wesentlichen geronnene Arbeit den Preis eines Produkts
bestimmt, auch von den Kapitalbesitzern immer wieder
unter Beweis gestellt, wenn sie unter den Bedingungen
der Globalisierung Fertigungsstätten aus Ländern mit
hohem Lohnniveau in solche mit niedrigeren Arbeits-
kosten verlegen – nicht ohne den Hinweis, nur so könnten sie in der Weltmarkt-Konkurrenz bestehen. Die Preise
sind eben nur bis zu einer gewissen Grenze flexibel, und
wenn sie unter die Produktionskosten – und das sind in
letzter Instanz Kosten für menschliche Arbeit – fallen,
dann ist dem Unternehmen, das so verfahren muß, wohl
keine große Zukunft mehr beschieden.

Eine These muß von Sonderfällen und Nebensächlichkeiten absehen, um universelle Brauchbarkeit zu erlangen.
Das macht ihre Stärke wie ihre Schwäche aus. Zweifelsohne ist der Kapitalismus des »Kapital« eine Art »Labor«-
Kapitalismus mit einen freien Markt, wie er in der Realität
nicht existert. Marx gibt denn an mancher Stelle seines
Werkes gerne zu, seine Analyse der Gesetze des Kapitalis-

mus bedinge »vorläufiges Wegsehn von allen Phänome-
nen, die das innere Spiel seines Mechanismus verstecken«
(MEW 23, S. 590), und er räumt ein, die von ihm analy-
sierten Prozesse werden bei ihrer »Verwirklichung durch
mannigfache Umstände modifiziert, deren Analyse nicht
hierher gehört« (MEW 23, S. 674). Diese »modifzieren-
den Umstände« wie Staat, Machtkämpfe, Tradition, Igno-
ranz, Borniertheit, Etikette, Erfindungen, Hysterien und
Sozialgesetzgebung stehen tatsächlich exterritorial zum
System der politischen Ökonomie – wenngleich zentral
in der Geschichte der modernen kapitalistischen Gesellschaft. Marx mußte in seiner Analyse einen »reinen«
Markt, die »reine« freie Konkurrenz voraussetzen – auch
wenn er selbstverständlich wußte, wie Gramsci sagte, daß
die Wirklichkeit »niemals ›rein‹ ist«[93].

Doch alle Simplifizierungen haben Marx nicht daran ge-
hindert, klarer zu sehen als die meisten braven Empiristen
seiner und unserer Zeit. In der zweiten Hälfte des »Kapital« zeichnet Marx kunstvoll nach, wie aus den Prozessen,
die das Kapitalverhältnis in Gang setzt, aus den Verhältnissen von Verhältnissen, die es gebiert, eine gleichsam
automatische Welt erwächst, eine große Welt-Maschine,
die jeden und alle an sich anschließt und die vom Großen
bis zum Kleinen die Subjekte zu Räderwerken der Kapi-
talverwertung macht. Die Warenproduktion zwingt, wo
die Lohnarbeit allgemeine Basis ist, »sich der gesamten
Gesellschaft auf« (MEW 23, S. 613). Der Kapitalist
schafft einen »gesellschaftlichen Mechanismus, worin er
nur ein Triebrad ist«, und »die Konkurrenz herrscht jedem individuellen Kapitalisten die immanenten Gesetze

der kapitalistischen Produktionsweise als äußere Zwangs-
gesetze auf« (MEW 23, S. 618). Wie der Proletarier ihr
»nur als Maschine zur Produktion von Mehrwert, gilt ihr
aber auch der Kapitalist nur als Maschine zur Verwandlung dieses Mehrwerts in Mehrkapital« (MEW 23, S. 621).
Doch so, wie die kapitalistische Welt als Monster, als toter
Mechanismus unabhängig von den Akteuren seine Prinzipien hinter deren Rücken vollzieht und sie sich als lebendige Anhängsel einverleibt, so wird in der kapitalistischen Fabrik der »Automat selbst das Subjekt, und die
Arbeiter sind nur als bewußte Organe seinen bewußt-
losen Organen beigeordnet« (MEW 23, S. 442). Aus den
vereinzelten Maschinen in den frühneuzeitlichen Manu-
fakturen wird »hier ein mechanisches Ungeheuer, dessen
Leib ganze Fabrikgebäude füllt und dessen dämonische
Kraft, erst versteckt durch die fast feierlich gemeßne Bewegung seiner Riesenglieder, im fieberhaft tollen Wirbel-
tanz seiner zahllosen eigentlichen Arbeitsorgane aus-
bricht« (MEW 23, S. 402). Unterwirft die Warenwelt sich
das gesamte Leben, so die Fabrik sich den Arbeiter. Er
wird dem kapitalistischen Prinzip vollends »subsumiert«.
Selbst »die Erleichterung der Arbeit wird zum Mittel der
Tortur, indem die Maschine nicht den Arbeiter von der
Arbeit befreit, sondern seine Arbeit vom Inhalt« (MEW
23, S. 446) – es ist die Maschine, die »tote Arbeit, welche
die lebendige Arbeitskraft beherrscht und aussaugt«.

Wir haben bereits mehrmals gesagt, welch ein großer
Literat Marx war, und man stelle nun für einen Augenblick Überlegungen hintan, wie sehr oder wie wenig diese
Schilderung mit unserem zeitgenössischen Kapitalismus
zu tun hat: Ist unsere Frankenstein-Geschichte von dem

Monstrum, das, von Menschenhand geschaffen, sich gegen seinen Erzeuger wendet, nicht gerade umgeschlagen in eine klassische Vampir-Geschichte, von den Unwesen, die den Menschen ihr Wesenhaftes aussaugen?

Ohne Zweifel läßt sich darüber streiten, wie viel Marx' Schilderung mit dem Kapitalismus unserer oder früherer Tage zu tun hat, wenngleich feststehen dürfte, daß mit der äußeren Landnahme der warenproduzierenden Gesellschaft auch eine innere Kolonisation stattgefunden hat, menschliche Bedürfnisse zurechtgebogen, diszipliniert, an das fabrikmäßige Funktionieren angepaßt, die Menschen buchstäblich *hergerichtet* wurden. Noch die Befreiung von äußeren Reglementierungen, wie wir sie im neuesten, flexiblen Kapitalismus erleben, bestätigt diesen Prozeß, setzt dieser doch ein innerlich abgerichtetes – oder, um es mit einem modernen Wort zu sagen: *formatiertes* – Produzenten- und Unternehmer-Individuum voraus, ohne welches derselbe gar nicht zu funktionieren vermöchte – die Subjekte müssen nicht mehr an der kurzen Leine gehalten werden, schier unsichtbare Fäden sachlicher Abhängigkeit reichen aus, produziert die Produktion schließlich seit fast zweihundert Jahren »nicht nur einen Gegenstand für das Subjekt, sondern auch ein Subjekt für den Gegenstand«[94].

Und ist die systemtheoretische These vom autopoietischen Selbstlauf des Systems Ökonomie – also von den letztendlich sich selbst generierenden und perpetuierenden Mechanismen des kapitalistischen Wirtschaftsprozesses – auf globaler Grundlage nicht vorweggenommen in Marx' knapper Notiz in den Grundrissen, »im Weltmarkt hat sich der Zusammenhang des Einzelnen mit Allen,

aber auch zugleich die Unabhängigkeit dieses Zusammenhangs von den Einzelnen« zu voller Höhe entwickelt?
Marx schildert natürlich den Kapitalismus nicht nur in
seinem Raffinement, seiner eigensinnigen Wucht. »Daß
Widersprüche im Kapital enthalten sind, sind wir die letzten zu leugnen. Unser Zweck ist vielmehr sie völlig zu
entwickeln«, formuliert er.[95] Mit dem Kapitalismus wird
»die *Verrücktheit*« als »ein Moment der Ökonomie« eingeführt und für »das praktische Leben der Völker bestim-
mend«.[96] So begegnen wir im »Kapital« dem uns heute
unter dem Titel »*Krise der Arbeit*« bestens bekannten
Paradoxon, daß das auf Lohnarbeit basierende Pro-
duktionsverhältnis mittels Technisierung und Verwissen-
schaftlichung tendenziell Arbeit überflüssig macht, mit
dem absurden Resultat freilich, daß die ungeheuren Potenzen zur Verkürzung der Arbeitszeit und zur Befreiung
vom Trott, den die Automatisierung und die informationstechnologische Revolution der Produktion bietet,
die Menschen nur um so mehr dem Terror der Lohnarbeit
unterwirft, weil das Gerangel um die letzten verbliebenen
Arbeitsplätze in den volltechnisierten Fertigungsstätten
um so wilder wird: »Das gewaltigste Mittel zur Verkürzung der Arbeitszeit (schlägt) in das unfehlbarste Mittel
um, alle Lebenszeit des Arbeiters und seiner Familie in
disponible Arbeitszeit für die Verwertung des Kapitals zu
verwandeln.« (MEW 23, S. 430) Kaum überschaubar ist
das Ensemble einander widerstreitender Teilrationalitäten, die nicht nur die Gesellschaft, sondern die Subjekte
selbst durchfurchen. Wie heute die Stahlwerker, die ihre
Ersparnisse in Pensionsfonds anlegen, sich falsch verhalten, indem sie sich richtig verhalten, so erscheint, führt

Marx aus, jedem Kapitalisten die Gesamtmasse aller Arbeiter, »mit der Ausnahme seiner eignen Arbeiter ... nicht als Arbeiter, sondern als Konsumenten«[97]. So »verlangt jeder Kapitalist zwar, daß seine Arbeiter sparen sollen, aber nur *seine*, weil sie ihm als Arbeiter gegenüberstehen; beileibe nicht die übrige *Welt der Arbeiter*, denn sie stehn ihm als Konsumenten gegenüber«. Daher versucht er alles, »sie zum Konsum anzuspornen, neue Reize seinen Waren zu geben, neue Bedürfnisse ihnen anzuschwatzen etc.«[98] Der Umstand, daß die Werte nicht nur produziert, sondern auch realisiert werden müssen, gebiert die große Paradoxie der Krise, die auf Überproduktion an Waren beruht, für die sich keine Käufer finden: Erst eine Gesellschaft, in der das Elend nicht den Mangel, sondern den Überfluß zur Ursache hat, muß den Widerspruch aushalten, Armut im größten Reichtum, schwarze Löcher im kommerziellen Glitzeruniversum immerfort zu produzieren. Daß die Produktion von Gütern nur begrenzt ist von der »Produktivkraft der Gesellschaft«, die Realisierung dieser Werte dagegen durch die »Konsumtionskraft der Gesellschaft«, hat Marx im dritten Band des »Kapital« ausgeführt. (MEW 25, S. 254) Dieser Widerspruch, der von den einzelnen Kapitalbesitzern selbst am Leben gehalten wird, indem sie die Konsumtionskraft *ihrer* Arbeiter versuchen so niedrig wie möglich zu halten, während sie gleichzeitig an einer maximalen Konsumtionskraft *aller* Arbeiter im höchsten Maße interessiert sind, ist für Marx die letzte Ursache der immer wiederkehrenden Krisen und Rezessionen, für jene »gewaltsamen Eruptionen, die das gestörte Gleichgewicht für den Augenblick wiederherstellen« (MEW 25, S. 259). Um der Krise zu entfliehen, muß der Markt »daher beständig ausgedehnt werden«, jede Grenze ist nur eine Schranke, die es zu überwinden gilt, doch »die *wahre Schranke* der kapitalistischen Produktion ist *das Kapital selbst*« (MEW 25, S. 260). Jeder neue Aufschwung trägt die nächste Krise bereits in sich: »Die kapitalistische Produktion strebt beständig, diese ihr immanenten Schranken zu überwinden, aber sie überwindet sie nur durch Mittel, die ihr diese Schranken aufs neue und auf gewaltigerm Maßstab entgegenstellen.« (MEW 25, S. 260)

Die kapitalistische Welt, in der wir leben, ist eine hochgradig seltsame – eine große Ordnung und eine *Große Unordnung*[99] zugleich. Wir alle gehorchen einer Ratio, die wir nicht zu beeinflussen vermögen. Hier kann man nicht kapitalistisch oder sozialistisch wirtschaften, nicht eigennützig oder humanistisch, sondern nur gut oder schlecht. Das neoliberale Einheitsdenken, daß kaum mehr unterschiedliche Entwicklungspfade denkbar sind, die zu beschreiten die Menschen sich entscheiden können, ist längst allgemein durchgesetzt. Die Austauschbarkeit der Programme der politischen Parteien, beispielsweise der mächtige Drang zur »Mitte«, ist nur ein Indiz dafür. Jeder ambitioniertere Eingriff ins Wirtschaftsleben, den Regierungen etwa wagen, hat Folgen, die nicht selten den Intentionen der Akteure entgegenwirken, und führt sofort ein Eigenleben, so daß die Problemlösungen von heute oft nur die Probleme von morgen schaffen. Der stumme Zwang der Verhältnisse ist längst zur zweiten Natur der Bewohner moderner westlicher Gesellschaften geworden. Und – verkehrte Welt! – es ist ausgerechnet diese Epoche, die als Leitbild das autonome Individuum erzeugte, als wären die ihrer selbst bewußten Subjekte Herren ihres Lebens. Was wir auch tun, wir verhalten uns richtig und falsch zugleich. Was wir falsch machen, machen wir richtig; was wir richtig machen, machen wir falsch. Indem wir unsere Interessen verfolgen, handeln wir unseren Interessen zuwider. Wenn ein Unternehmer die Einkommen seiner Beschäftigten erhöht, verhält er sich nicht nur menschenfreundlich, er tut dem Kapitalismus als ganzem etwas Gutes – nur läuft er höchste Gefahr, selbst ganz schnell bankrott zu gehen. Gute Vorsätze bringen die Menschen – wie einst Brechts Shen Te – »an den Rand des Abgrunds, gute Taten stürzen ihn herab«. Die ökonomische Ratio setzt sich – nach einem Wort von Engels – als »eine Wechselwirkung« einer unendlichen »Menge von Zufälligkeiten durch«, als Resultat vieler Einzelwillen; heraus kommt etwas, was streng besehen niemand gewollt hat. Die ökonomischen Kräfte sind so gesehen von Anfang an *Kraft von niemandem*[100]. Der Mächtigste und der Ohnmächtigste, sie sind beide nur Komparsen in einem absurden theatrum mundi – Gefangene von Rollen, deren Autoren sie nicht sind. Denn dieses Theater ist, um es mit Louis Althussers schöner Wendung zu sagen, »seinem Wesen nach ein Theater ohne Autor«[101].

Es ist dies die Geschichte einer automatischen Welt, einer eigensinnigen Weltmaschine, eines Autopiloten, dem niemand mehr ins Steuer zu greifen vermag, die Marx in seinem Lebenswerk auf so grandiose Weise beschrieben hat – jener Karl Marx, den manche heute nicht zu Unrecht einen großen Satiriker nennen.

Camera Obscura
Oder: Sind die herrschenden Ideen die Ideen der Herrschenden?

Marx' Ideologietheorie.
Eine erstaunlich aktuelle Hinterlassenschaft

Das »Kapital« hat Marx »fünfzehn Jahre seines Lebens und einen großen Teil seines an die Öffentlichkeit drängenden Ehrgeizes gekostet. Die Arbeitsleistung, die er darauf verwandt hat, ist wahrhaftig gewaltig. Dem Buch zuliebe hat er Armut, Krankheit und öffentliche wie persönliche Verfolgung auf sich genommen, zwar ungern, aber mit einem zielbewußten Stoizismus, dessen schroffe Stärke alle bewegte und erschreckte, die mit ihm in Berührung gekommen sind« (Isaiah Berlin)[102]. Als er am 5. Mai 1867, an seinem 49. Geburtstag, die Korrekturfahnen des ersten Bandes des »Kapital« erhielt, muß von Marx eine große Last abgefallen sein. Erstmals lag jetzt ein Aspekt seiner theoretischen Konstruktion ausformuliert vor, für alle Welt sichtbar, lesbar, kritisierbar. Bisher hatte er die Elemente seiner Weltanschauung immer gleichsam nebenbei, in polemischer Auseinandersetzung mit anderen Autoren entwickelt: den historischen Materialismus in der Kritik an Proudhon und in der »Deutschen Ideologie«; Elemente einer Staatstheorie waren bloß hier und da eingestreut; von einer ausgereiften Ideologietheorie ließ sich kaum sprechen – all diese Momente waren oft nur blitzlichtartig in den verstreuten Schriften Marx' hochgeschossen. Auch vom polit-ökonomischen Monument war gerade eben das erste Stockwerk fertig. Die Bände zwei und drei des »Kapital« lagen teilweise erst in Notizen vor, daneben stapelten sich die »Theorien über den Mehrwert«, die heute immerhin drei Bände der Marxschen Werkausgabe füllen. All dies hätte noch durchgearbeitet, ausformuliert, gebügelt und poliert gehört. Und was hat Marx nicht noch alles vorgehabt: »Wenn ich die ökonomische Last abgeschüttelt, werde ich eine ›Dialektik‹ schreiben«, gab er sich kurz nach Erscheinen des ersten Bandes des »Kapital« zuversichtlich[103].

Marx hatte sich nach der gescheiterten Revolution von 1848 von der öffentlichen Bühne weitgehend zurückgezogen. Die geschlagene Arbeiterbewegung war lange darnieder gelegen, ihrer Führer beraubt, die entweder im Gefängnis oder im Exil saßen, während der Kapitalismus in den Jahren des »großen Booms« seinen Siegeszug in ungeahnte Höhen fortsetzte. Die Hoffnung auf ein neuerliches Anschwellen der revolutionären Woge hatte Marx schnell aufgegeben. Es war die wahre »Blütezeit des Kapitals«, wie es im Titel der Darstellung Eric J. Hobsbawms so treffend heißt[104]. Die »augenfälligste Dramatik der Epoche lag im ökonomischen und technischen Bereich: im Eisen, das sich in Millionen von Tonnen über den Erdball ergoß und als gewundenes Band von Eisenbahnschienen die Kontinente überspannte, in den Unterseekabeln, die den Atlantik durchquerten, im Bau des Suezkanals, in den Großstädten ...«[105] Der Welthandel stieg exponentiell, die Eisenproduktion vervierfachte sich, der Erfindung des Telegraphen folgte die des Telefons (1876 waren in Europa immerhin schon 200 solche Fernsprecher in Betrieb), die Städte schwollen an. Manche verglichen diese Zeit zwischen 1850 und 1870 mit der Epoche der großen Entdeckungen und Eroberungen eines Columbus, Vasco da Gama und Pizarro. 1872 war es schließlich möglich, über London, Brindisi, durch den Suezkanal nach Bombay, von dort via Kalkutta nach Yokohama und weiter nach San Francisco zu reisen, quer durch den Westen nach New York, mit dem Schiff nach Liverpool und von dort mit der Bahn nach London zurückzufahren – und das innerhalb von 80 Tagen. Ein unglaublicher Sachverhalt, der dem schnell populär gewordenen Roman von Jules Vernes seinen Namen gab.

Auch die Arbeiterbewegung erwachte nach und nach wieder zu neuem Leben. Schon die Rezession des Jahres 1857 brachte wie ein Blitz ins Bewußtsein zurück, daß es mit dem schier atemberaubenden Aufstieg des Kapitalismus nicht unendlich und widerspruchsfrei weitergehen würde. Karl Marx entfloh seit Mitte der sechziger Jahre der selbstgewählten Isolation mehr und mehr. In Deutschland war die Sozialdemokratie zu einer Macht geworden, auf deren rivalisierende Fraktionen und Führer – Ferdinand Lassalle, August Bebel, Wilhelm Liebknecht – Marx und Engels beträchtliche Autorität ausübten, und mit der 1864 gegründeten »*Internationalen Arbeiter-Assoziation*« – heute bekannt als die *Erste Internationale* – bekam der Gelehrte aus dem British Museum ein Instrument in die Hand, mit dem er die Kämpfe seiner Zeit durchaus zu beeinflussen vermochte. Ein loser Bund unterschiedlichster Strömungen, widersprüchlicher Charaktere, braver Gewerkschafter wie wilder Umstürzler, galt die Internationale den herrschenden Mächten bald als Drahtzieher aller Wühlversuche dieser Tage – die Internationale war etwa so gefürchtet wie heute al-Qaida, und Marx hatte die zweifelhafte Ehre, als der gefährlichste aller gefährlichen Staatsfeinde in Europa zu gelten. Für die Freunde der herrschenden Ordnung war »der rote Terroristendoktor«, wie er nun allgemein genannt wurde, so eine Art Osama bin Laden des 19. Jahrhunderts.

In den Jahren 1869/70 überrollte eine Woge von Arbeiterunruhen und Streiks den Kontinent von Deutschland, Frankreich, Italien bis nach Österreich-Ungarn und Rußland. Der Höhepunkt der neuen rebellischen Welle war erreicht, als nach Frankreichs Niederlage im deutsch-französischen Krieg 1871 in Paris die Plebejer den Aufstand probten, die Oberklassen und die Regierenden vertrieben und die »Commune« ausriefen. Marx war elektrisiert, schenkte seinen ökonomischen Studien immer weniger Aufmerksamkeit, sah in den Maßnahmen und in der Selbstverwaltung, die sich die Pariser Revolutionäre gaben, »die endlich entdeckte politische Form, unter der die ökonomische Befreiung der Arbeiter sich vollziehen konnte«[106] und warf sich voll und ganz in die Schlacht. Auch nach der Niederschlagung der Pariser Revolution nahm der wachsende Zwist in der Internationalen das Gros von Marx' Arbeitszeit in Anspruch, ebenso wie später die Gehversuche einer vereinigten Arbeiterpartei in Deutschland – jenes sozialdemokratischen Nukleus, aus dem die heutige SPD entstand. Von chronischen Leiden geplagt, von familiären Krisen gequält, altersweise schon in frühen Jahren, war Marx' Arbeitsfähigkeit jedoch zunehmend eingeschränkt. Kein größeres Werk sollte er bis zu seinem frühen Tod 1883 mehr publizieren oder auch nur in die Nähe der Druckreife bringen. Es war, als wäre mit der Veröffentlichung des »Kapital« sein Leben tatsächlich vollbracht. Er starb gewissermaßen als chronisch Unvollendeter, eineinhalb Jahre nach dem Tod seiner Frau Jenny, nur zwei Monate nach dem seiner Tochter »Jennychen« – zwei persönliche Schläge, von denen sich der 65jährige nicht mehr erholen konnte.

Seine Hinterlassenschaft, in der das Neue oft nur angedeutet blieb, war so grandios wie disparat – dies ist auch eine Ursache für den späteren Streit der Interpretationen, für den scholastischen Disput der Deutungen. Das Monument aus Nicht-Durchgearbeitetem blieb offen für Auslegungen vieler Art. Dies gilt vor allem wohl für einen ganz prominenten Topos in Marx' Œuvre, der uns nur als Torso überliefert ist: seine Ideologietheorie. Denn wenn Marx zwar, wie wir gesehen haben, den materiellen Existenzbedingungen der Menschen wesentliche geschichtliche Gewalt zuschrieb, so haben die Menschen doch die Möglichkeit, in den Lauf der Dinge einzugreifen. Allein, die Revolte ist keine einfache Sache, nicht nur weil die automatische Weltmaschine ihren Eigensinn entwickelt, dem die Subjekte schwer beizukommen vermögen, sondern weil zudem die Herrschaft in die Subjekte einwandert. Sie werden gleichsam ummontiert, und in ihnen liegen alte, überkommene Traditionsreste, neue Illusionen und disparate Bilder im Streite, mit Hilfe derer sie diese Welt deuten. Aber es sind nicht so sehr die Menschen, die unaufgeklärt sind, sondern die Verhältnisse, deren innere Ordnung nicht offen zutage, sondern nur »mystifiziert« (MEW 25, S. 58) in Erscheinung tritt.

Hierin liegt die Brisanz, die aller Ideologie zukommt.

Die Deutungen und Mystifikationen spielen natürlich eine wesentliche Rolle, hängt von ihnen doch beispielsweise ab, ob die Menschen die gesellschaftlichen Verhältnisse als gerecht oder ungerecht, natürlich und unveränderbar oder als von Menschen produzierte und veränderbare betrachten. Dieses Verhältnis von ökonomischer Struktur und Mystifikationen in den Köpfen war für Marx eine raffinierte Beziehung, deren Entschlüsselung er an verschiedenen Stellen seines Werkes versuchte. Er kam dabei zu Resultaten, die sich bei oberflächlicher Betrachtung oft widersprechen. In einer seiner berühmtesten – und auch umstrittensten – Passagen entwirft er 1859 das Bild einer zweistöckigen Topik:

»In der gesellschaftlichen Produktion ihres Lebens gehen die Menschen bestimmte, notwendige, von ihrem Willen unabhängige Verhältnisse ein, Produktionsverhältnisse, die einer bestimmten Entwicklungsstufe ihrer materiellen Produktivkräfte entsprechen. Die Gesamtheit dieser Produktionsverhältnisse bildet die ökonomische Struktur der Gesellschaft, die reale Basis, worauf sich ein juristischer und politischer Überbau erhebt, und welcher bestimmte gesellschaftliche Bewußtseinsformen entsprechen. Die Produktionsweise des materiellen Lebens bedingt den sozialen, politischen und geistigen Lebensprozeß überhaupt. Es ist nicht das Bewußtsein der Menschen, das ihr Sein, sondern umgekehrt ihr gesellschaftliches Sein, das ihr Bewußtsein bestimmt. Auf einer gewissen Stufe ihrer Entwicklung geraten die materiellen Produktivkräfte der Gesellschaft in Widerspruch mit den vorhandenen Produktionsverhältnissen oder, was nur ein juristischer Ausdruck dafür ist, mit den Eigentumsverhältnissen, innerhalb deren sie sich bewegt hatten. Aus Entwicklungsformen der Produktivkräfte schlagen diese Verhältnisse in Fesseln derselben um. Es tritt dann eine Epoche sozialer Revolution ein. Mit der Veränderung der ökonomischen Grundlage wälzt sich der ganze ungeheure Überbau langsamer oder rascher um. In der Betrachtung solcher Umwälzungen muß man stets unterscheiden zwischen der materiellen, naturwissenschaftlich treu zu konstatierenden Umwälzung in den ökonomischen Produktionsbedingungen und den juristischen, politischen, religiösen, künstlerischen oder philosophischen, kurz, ideologischen Formen, worin sich die Menschen dieses Konflikts bewußt werden und ihn ausfechten. Sowenig man das, was ein Individuum ist, nach dem beurteilt, was es sich selbst dünkt, ebensowenig kann man eine solche Umwälzungsepoche aus ihrem Bewußtsein beurteilen.« (MEAW 2, S. 501)

Das gesellschaftliche Sein bestimmt das Bewußtsein – eine apodiktische Proklamation, die bei erster Betrachtung ein wenig plump erscheinen mag; tatsächlich aber begründet diese auch heute noch den Marxschen intellektuellen Ruhm, den auch Nicht-Marxisten gezwungen sind anzuerkennen. So schrieb der Philosoph Eric Voegelin, Deutschland habe im 19. Jahrhundert »vier Figuren von Weltrang hervorgebracht«: Karl Marx, Friedrich Nietzsche, Sigmund Freud und Max Weber[107]. Mit diesen vier Denkern ist ein revolutionär neues Motiv in die Geistesgeschichte eingeführt: die Kritik der Aufklärung an sich selbst. Marx, schreibt Konrad Paul Liessmann folgerichtig, »das ist die seitdem nicht wieder abgeschlossene Eröffnung des Diskurses des Anderen der Vernunft«[108].

Was bedeutet das nun? Seit den Tagen der Aufklärung herrschte die Auffassung vor, die Menschen müßten nur ihre Vernunft gebrauchen und wären dann fähig zum Ausgang aus der selbst verschuldeten Unmündigkeit. Für Marx ist der Weg deutlich steiniger: Er kann der Vorstellung nicht folgen, man müsse die Menschen nur über die Verhältnisse aufklären, und wenn sie deren Fehler erkannt hätten, würden sie diese prompt ändern – jener Pädagogik also, die aus falschem Bewußtsein richtiges machen will, um dann eine falsche Praxis in eine richtige zu verwandeln. Die Ideen, die die Menschen über die Verhältnisse hegen, sind für Marx dagegen von diesen Verhältnissen ebensowenig zu trennen wie von den Handlungen, die diese Menschen Tag für Tag setzen – die Praxis findet im Kontext gegebener Verhältnisse statt, über welche die Menschen gewisse Vorstellungen haben, ebenso wie über diese Praxis selbst. Wie später Sigmund Freud anhand seiner psychoanalytischen Studien zurückweist, die Menschen als das zu nehmen, was sich ihr Bewußtsein selbst dünkt, so erwächst für Marx das Bewußtsein der Menschen nicht aus ihrem Kopf, sondern aus den gesellschaftlichen Beziehungen, die sie eingehen: Die Menschen sind sozusagen mit sich selbst nicht identisch. Der Blütentraum der Aufklärung wird welk: Das Subjekt ist nicht Herr im eigenen Haus. Mitte der vierziger Jahre hat Marx diesen Gedanken in der »Deutschen Ideologie« bereits entwickelt. »Die Gedanken der herrschenden Klasse sind in jeder Epoche die herrschenden Gedanken, d. h. die Klasse, welche die herrschende *materielle* Macht der Gesellschaft ist, ist zugleich ihre herrschende *geistige* Macht. ... Die herrschenden Gedanken sind weiter nichts als der ideelle Ausdruck der herrschenden materiellen Verhältnisse, die als Gedanken gefaßten herrschenden materiellen Verhältnisse.« (MEAW 1, S. 238)

Auch das klingt vorerst etwas plump: Wenn die herrschende Klasse, ihren ökonomischen Interessen entsprechend und mit der ökonomischen Macht, die ihr zur Verfügung steht, hinausposaunt, die auf Privateigentum und Konkurrenzprinzip beruhende Welt sei die beste aller denkbaren Welten, heißt dies doch noch lange nicht, daß alle Menschen diese Deutung pflichtschuldig übernehmen, so wie nicht alle aufhören, an einen Gott zu glauben, nur weil die Anbetung des Geldes zur neuen Religion geworden ist. Wäre dies so, dann wäre aller Ansturm gegen diese Macht tatsächlich Donquichotterie und das Phänomen der Ideologie auch gar nicht viel der Rede wert: Es wäre ein simples, eindimensionales Ableitungsverhältnis. Dies ist keineswegs Marx' Punkt: Es geht ihm vielmehr darum, den Bewußtseinsformen »den Schein der Selbständigkeit« (MEAW 1, S. 213) zu rauben – in ihnen spiegeln sich die hegemonialen gesellschaftlichen Verhältnisse, zwar nicht auf simple Weise, doch auf verschobene, entstellte Art. In der Ideologie erscheinen »die Menschen und ihre Verhältnisse wie in einer Camera obscura auf den Kopf gestellt«. Moral, Religion, Metaphysik und sonstige Ideologie sind in gewissem Sinn »Nebelbildungen im Gehirn« (MEAW 1, S. 212), die von den materiellen Verhältnissen immer vorgeprägt sind – sei es durch den Erfahrungsschatz der Menschen, der gefärbt ist durch die gesellschaftlichen Bedingungen, in denen sie leben, durch das Gewußt-Wie, das sie sich aneignen, oder auch nur durch die Sprache, in der das Alte, das Gewohnte unausrottbar sitzt und selbst das

Neue immer wieder kontaminiert, so daß sich dieses stets in das Bekämpfte verstrickt. Auch Marx hat seine philosophische Revolution mit den alten philosophischen Begriffen formulieren müssen – neue standen logischerweise nicht zur Verfügung. »Die Menschen machen ihre eigene Geschichte, aber sie machen sie nicht aus freien Stücken«, heißt es in einer anderen, berühmt gewordenen Marx-Passage, »nicht unter selbstgewählten, sondern unter unmittelbar vorgefundenen, gegebenen und überlieferten Umständen. Die Tradition aller toten Geschlechter lastet wie ein Alp auf dem Gehirne der Lebenden.« (MEAW 2, S. 308) Die Möglichkeiten, die ihnen offenstehen, sind begrenzt, zumindest durch das, was in diesem Augenblick als denkmöglich gilt, und durch die Handlungsmuster, die sich ihnen eingeprägt haben.

Die Ideologien sind also, könnten wir in Anlehnung an Marx' Ausführungen über die Ware formulieren, ein vertracktes Ding, voller Mystizismus und Mucken. Sie schweben nicht im luftleeren Raum und haben doch ihr eigenes Gewicht, sie sind Produkt der Verhältnisse und führen dennoch ein eigenes Leben, sie sind nicht bloße scheinhafte Reflexe, aber doch auch nicht das bewußte Produkt des intelligiblen Menschen, sie sind überliefert und haben doch keine Geschichte – so erleben wir ständig das Paradoxon, daß Philosophen versuchen, die Verhältnisse ihrer Zeit zu beschreiben, indem sie sich mit längst verstorbenen Philosophen versunkener Zeiten auseinandersetzen. Die Gedanken sind eben nicht völlig frei. »Politische Revolution, intellektuelle Revolution, religiöse Revolution, all das entspringt aus ein und derselben Grundtatsache«, heißt es in der Interpretation des großen französischen Historikers

Lucien Febvre: »der ökonomischen Revolution. Das Kapital bildet sich. Und erzeugt bei seiner Bildung eine kapitalistische Mentalität. Tönt Gedanken, Gefühle und Glaubensgewißheiten in kapitalistischen Farben.«[109]

Die Frage nach der Funktionsweise der Ideologie hat in den vergangenen hundertfünfzig Jahren alle Freunde besserer Zeiten beständig beschäftigt, und sie haben dabei die Bruchstücke, die Marx hinterlassen hat, ausgiebig diskutiert, gedeutet und interpretiert. Mit gutem Grund – schließlich handelt es sich um ein höchst brisantes Phänomen, das wesentliche Fragen aufwirft: Warum denn entwickeln die Unterklassen Vorstellungen, die sie mit ihrer Unterdrückung versöhnen, wie kommt es, daß Ausgebeutete ihrer Ausbeutung auch noch zustimmen? Warum wird Herrschaft nur im Extremfall mit Gewalt ausgeübt, viel häufiger aber mit dem Konsens der Beherrschten?

Bisweilen sind die Marx-Exegeten bei der Erörterung dieser Fragen in heftigen Zank verfallen. Wenn das Sein das Bewußtsein bestimmt, ist letzteres dann leerer Schein, schlichtweg belanglos? Warum aber sollen Weltverbesserer den Kampf um die Köpfe der Menschen führen, wenn die materiellen Verhältnisse die Bewußtseinsformen determinieren und sich mit der Umwälzung der ersteren aller ideologischer Nebel schon von selbst verzieht? Gegen so eine recht einseitige Interpretation der Marxschen Hinterlassenschaft hat schon Engels in seinen späten Tagen anzukämpfen gehabt. »Nach materialistischer Geschichtsauffassung ist das *in letzter Instanz* bestimmende Moment in der Geschichte die Produktion und Reproduktion des wirklichen Lebens. Mehr hat weder Marx noch ich je behauptet«, heißt es in einem Brief, den Engels

1890 an Joseph Bloch nach Königsberg richtete. »Wenn nun jemand das dahin dreht, das ökonomische Moment sei das einzig bestimmende, so verwandelt er jenen Satz in eine nichtssagende, abstrakte, absurde Phrase. Die ökonomische Lage ist die Basis, aber die verschiedenen Momente des Überbaus – politische Formen des Klassenkampfs und seine Resultate – Verfassungen, nach gewonnener Schlacht durch die siegende Klasse festgestellt usw. – Rechtsformen, und nun gar die Reflexe aller dieser wirklichen Kämpfe im Gehirn der Beteiligten, politische, juristische, philosophische Theorien, religiöse Anschauungen und deren Weiterentwicklung zu Dogmensystemen, üben auch ihre Einwirkung auf den Verlauf der geschichtlichen Kämpfe aus ... Es ist eine Wechselwirkung aller dieser Momente ... Sonst wäre die Anwendung der Theorie auf eine beliebige Geschichtsperiode ja leichter als die Lösung einer einfachen Gleichung ersten Grades. Wir machen unsere Geschichte selbst, aber erstens unter sehr bestimmten Voraussetzungen und Bedingungen ... Zweitens aber macht sich die Geschichte so, daß das Endresultat stets aus den Konflikten vieler Einzelwillen hervorgeht ... Daß von den Jüngeren zuweilen mehr Gewicht auf die ökonomische Seite gelegt wird, als ihr zukommt, haben Marx und ich teilweise selbst verschulden müssen ...« (MEAW 6, S. 555 f.) Und später insistiert Engels noch einmal: Die Superstrukturen »reagieren auch aufeinander und auf die ökonomische Basis. Es ist nicht, daß die ökonomische Lage *Ursache, allein aktiv* ist und alles nur passive Wirkung. Sondern es ist Wechselwirkung auf Grundlage der *in letzter Instanz* stets sich durchsetzenden ökonomischen Notwendigkeit.« (MEAW 6, S. 606)

Nun ist die Sache deutlicher: Der simple materialistische Mechanismus, daß die Ideologien bloße Ableitungen
der ökonomischen Verhältnisse sind, läßt sich ebensowenig aufrecht erhalten wie der inverse idealistische Mechanismus, der glauben zu machen versucht, die gesellschaftlichen Verhältnisse hätten ihren Ursprung in den Ideen
und Wünschen der Menschen. Aber mit der Behauptung,
alles hänge mit allem zusammen, jedes wirke auf das andere ein, würde ein nicht viel weniger dürrer Mechanismus ins Recht gesetzt, mit dem sich erfreulicherweise
zwar alles erklären ließe – aber leider damit auch nichts.
Was ist Ideologie? Ist sie ein Ensemble bloßer Irrtümer,
bestimmt von einem unbegrenzten Fundus verschiedener
Wirkungen, zu denen die materiellen Beziehungen, Über-
lieferungen, Übertölpelungsversuche ebenso gehören wie
der Umstand, daß die Menschen sich nur Vorstellungen
über etwas machen können, was sie in Worte zu fassen
vermögen, also: wofür es Worte gibt? Und in welchem
Verhältnis stehen die Ideologien zur »Wirklichkeit«? Sind
sie nur falsches Bewußtsein, und ginge es den Menschen
besser, wenn sie keinen Ideologien mehr aufsäßen? Oder
brauchen sie vielmehr so etwas wie Ideologie, um in der
Wirklichkeit zurechtzukommen? Was, wenn der ideolo-
gische Diskurs Gesellschaft erst möglich macht, weil er
Konflikte »glättet«? Und welche Rolle kommt den öffentlichen und privaten Institutionen zu, die diese Ge-
spinste vermitteln – Schulen und Verlagen, Kirchen und
Fernsehstationen, Gefängnissen und Sozialarbeitern? Das
sind manche der Fragen, die sich von Marx beeinflußte
Denker seit mehr als 120 Jahren stellen.

Es ist eine komplizierte Sache mit der »Ideologie«, auch wenn der Alltagsverstand hier spontan anders formulieren würde – denn für den ist Ideologie nach einer schönen Formulierung Terry Eagletons »wie Mundgeruch immer das, was die anderen haben«[110]. Von der starren zweigeschößigen Topik ist in der postmarxschen Debatte, die vor allem von unorthodoxen Marxisten wie Antonio Gramsci, Georg Lukács, Karl Korsch oder Louis Althusser angestoßen wurde, nicht mehr viel übriggeblieben. Im heutigen geistes- und sozialwissenschaftlichen Diskurs beschreibt der Begriff *Ideologie* denn auch weniger eine Art von Meinung, mit der sich eine bestehende Ordnung rechtfertigen ließe, sondern eher ein Feld von Bedeutungen, mit Hilfe dessen ›die Menschen‹ ihr Verhältnis zu diesen Existenzbedingungen deuten. Wir dürfen, wenn wir über sie nachdenken, weniger einen Leitartikel im Kopf haben, wir kommen ihrem Mysterium näher, wenn wir sie uns mit Gramscis Begriff des ›Alltagsverstandes‹ vorstellen. Diese ideologischen Bedeutungsfelder sind eine Art »spontane« Philosophie, die jedermann eigen sind, komplexe Formationen von Montagen aus Begriffen, Vorstellungen und Bildern, ein Konglomerat aus Irrtümern, Illusionen, Mystifikationen aber auch Selbstverständlichkeiten und allzu Bekanntem. Von der bloßen Überredung in herrschaftlicher Absicht unterscheidet sie erstens, daß jene, die sie unter die Leute bringen, selbst an sie glauben, und zweitens, daß sie an Wünsche, Sehnsüchte und Hoffnungen anknüpft – Sicherheitsbedürfnisse beispielsweise oder Zukunftsversprechen.

Ihre mächtigste Ausprägung finden die ideologischen Bedeutungsrahmen in den Weisheiten des Alltags: »Gesetz ist Gesetz«, »Jeder ist seines Glückes Schmied«, »Leistung muß sich lohnen«. Ihr Funktionsmechanismus ist die Verdrängung – der Umkehrschluß »Jeder ist seines Unglücks Schmied« klingt schon weniger betörend – oder die Verschiebung, die schier unmerkliche Transformation eines Begriffes aus dem ihm angestammten Bereich, in dem er wahr ist, in einen Bereich, in dem er ein rein ideologischer Text wird. Am deutlichsten wird dies, wenn ein Begriff, der den Naturwissenschaften entstammt, in die Gesellschaftsanalyse einwandert. So würden die meisten spontan dem Satz zustimmen, daß man »gegen die ökonomischen Gesetzmäßigkeiten ebensowenig rebellieren kann wie gegen das Gesetz der Schwerkraft« – ohne zu bedenken, daß der Begriff des *Gesetzes* im Kontext der Physik etwas völlig anderes bedeutet als in dem der Gesellschaftswissenschaft. Ein Gesetz ist nämlich für die Wissenschaften von den menschlichen Verhältnissen erstens immer nur etwas, was relativ, höchstens annähernd gilt – und zweitens auch nur unter der Bedingung, daß sich die Umstände nicht ändern, was wiederum in den Händen der Menschen liegt.

Ideologie erklärt uns also *weniger, was die Menschen genau meinen* und warum sie das tun, sondern steckt vielmehr die Grenzen dessen ab, was innerhalb des Horizonts des Vorstellbaren in einer je konkreten Gesellschaft liegt – und was sich außerhalb dieses Horizonts bewegt. Dabei ist das Vorstellbare immer von *Gesellschaft und Geschichte* festgeschrieben. Oft können die spontanen Selbstverständlichkeiten im heftigen Konflikt mit den eigentlich bekannten Wirklichkeiten in ein und derselben Gesellschaft bestehen. So hat der neoliberale Diskurs es vollkommen einsichtig erscheinen lassen, daß Gemeinwesen reicher werden, wenn sie sparen. Der schlanke, penibel haushaltende Staat erscheint so als der Garant des Reichtums – und das, obwohl jeder Nationalökonom, jeder Anlageberater und jeder Fabrikant weiß, daß man sich in unserer Gesellschaft kaum *reich sparen*, sondern nur *reich investieren* kann.

Wir ahnen also: Auch unsere Epoche, die die Entideologisierung auf ihr Banner geschrieben hat, ist durchdrungen von Ideologie. Es denkt buchstäblich in uns, und wir tun gut daran, unseren Gedanken gegenüber auf der Hut zu sein.[111] Und wir sehen auch, auf welch raffinierte Weise das herrschende materielle Verhältnis die herrschenden Ideen, das Sein das Bewußtsein bestimmt – auf vielfach verzwickte Art und sicher nicht in Form einer Gleichung ersten Grades. Denn die Ideologien, Wünsche, Borniertheiten und Selbstgewißheiten – ganz zu schweigen von den materielleren der »Überbauphänomene« wie Recht, Staat, Kulturindustrie – behaupten ihre Autonomie, wirken wieder auf die unterschiedlichste Weise auf die »gesellschaftliche Basis« zurück. Kein Wunder, daß der alte Friedrich Engels mit heftigem Zorn auf die jüngeren Marx-Exegeten reagierte, die »zuweilen mehr Gewicht auf die ökonomische Seite legen, als ihr zukommt«.

Wie aktuell dieser alte Streit um »Basis« und »Überbau« ist, zeigt uns fast täglich ein kurzer Blick in die Presse. Ein materialistischer Reflex sitzt tief in vielen von uns, wie ein Vorurteil, das weitgehend immun gegen Argumente ist. Eine Art dumpfer Alltags-Marxismus ist fast zum gesunden Menschenverstand geworden. Daß man sich gefälligst an die *Fakten* zu halten habe, ist das Postulat der vielen bunten Nachrichtenblätter, die das, was sie für *Fakten* halten, dann gerne in Tabellen füllen. Und die Kritik der Ideologie wiederum rann über die Jahrzehnte hinweg in jene *Hermeneutik des Verdachts* aus, die bei Leuten mit anderen Auffassungen als den eigenen nach den Motiven sucht, die sie *in Wirklichkeit* antreiben und diese dann zu ›demaskieren‹. Was immer jemand vorgibt, welche Argumente er immer ins Treffen führt, es sind immer simple ökonomische Motive, die ihn bewegen, um die es »wirklich« geht.

Und da soll noch jemand sagen, Marx sei ein ›toter Hund‹. Es ist nicht mehr zu bestreiten: Wir alle sind heute Marxisten, und sei es auch auf sehr simple Art und Weise. 150 Jahre nach Marx ist ein vulgarisierter Materialismus beinahe zur neuen Theologie geworden, die die ökonomischen Antriebe alles Handelns zu einer Art »unbekannten Gott« (Gramsci) macht, der alles bestimmt.

Wir können uns vorstellen, wie giftig Marx auf einen solchen *Marxismus der dummen Kerls* reagiert hätte – jener Marx, der, als ihm französische Anhänger einmal auf besonders neunmalklug-doktrinäre Art kamen, mit einer seither berühmt gewordenen Formulierung entgegnete: »Tout ce que je sais, c'est que je ne suis pas Marxiste« – »alles was ich weiß, ist, daß ich kein Marxist bin«.

Was aber, wenn sich gerade in solchen Entstellungen noch die geschichtliche Kraft der von Marx inspirierten Ideologietheorie erwiese? Denn wenngleich diese ökonomistischen Vorurteile keineswegs eine *Anwendung* des historischen Materialismus darstellen, so läßt sich der historische Materialismus bestens auf sie *anwenden*: Gerade der Umstand, daß viele Menschen sich kaum mehr vorzustellen vermögen, jemand werde von anderen denn materiellen Motiven angetrieben, ist womöglich eine gute Illustration dafür, wie sehr unsere spontanen Weltdeutungen von der kapitalistischen Mentalität eingefärbt sind.

Da es so ist, bleibt es nicht so
Oder: Mit Marx denken lernen

So wie auch ein blindes Huhn einmal ein Korn findet, so sitzen die grandiosesten Denker oft den grandiosesten Irrtümern auf. Dies mag mit der intellektuellen Radikalität zusammenhängen, die es braucht, um die alten Weisheiten und überkommenen Götzen vom Thron zu stürzen, die auch schonungslos sich selbst gegenüber ist – und sei es bloß jene Art von Schonungslosigkeit, die darin besteht, die Dynamik der eigenen Gedankenbewegung bis in die letzte Konsequenz vorwärtszutreiben. Radikale Denker sind beinahe definitionsgemäß von dem Prinzip getrieben: Besser groß irren, als auf kleinliche Weise recht behalten. Die Irrtümer im Œuvre von Marx sind von dieser Art.

Marx war konsequent davon überzeugt, daß die bürgerlichen Eigentumsverhältnisse, über zwei Jahrhunderte »Entwicklungsformen der Produktivkräfte«, bald »in Fesseln derselben« (MEAW 2, S. 503) umschlagen würden. Und wie schon der Feudalismus würde auch die bourgeoise Hülle dann gesprengt werden. »Die Zentralisation der Produktionsmittel und die Vergesellschaftung der Arbeit erreichen einen Punkt, wo sie unverträglich werden mit ihrer kapitalistischen Hülle. Sie wird gesprengt. Die Stunde des kapitalistischen Privateigentums schlägt.

Die Expropriateurs werden expropriiert«, prophezeit Marx in der berühmten Abschlußwendung des ersten Bandes des »Kapital« – »die kapitalistische Produktion erzeugt mit der Notwendigkeit eines Naturprozesses ihre eigene Negation« (MEAW 23, S. 791). Die kapitalistische Akkumulation und das Konkurrenzprinzip führen, analysierte Marx, zum Untergang kleinerer Kapitale und zur Zusammenballung größerer; die neuen Formen von Kapitalgesellschaften – etwa die Bildung großer Aktiengesellschaften – schaffen Konglomerate auf immer höherer Stufenleiter, bis schließlich immer mehr Monopole entstehen. Dieser Kapitalismus provoziert die Entwicklung der Produktivkräfte in immer kolossalerer Weise, wird sich aber an einem bestimmten Punkt zur Innovation unfähig erweisen. Er raffiniert die gesellschaftliche Arbeitsteilung, kombiniert immer kompliziertere Wirkungen von »kombinierter Arbeit«, wird aber zunehmend daran scheitern, die Chancen, die diese neue Produktionsorganisation bietet, zu nützen. Denn das Konkurrenzprinzip verträgt sich nicht mit der kooperativen Arbeit, und das kapitalistische Eigentumsverhältnis, das die allergrößte Mehrzahl der Menschen zu geistloser Lohnarbeit verdammt, vergibt die großen Möglichkeiten, die die Kreativität der Arbeiter potentiell bieten. Der Kapitalismus wird zur Fessel der Innovation.

Dies ist von nahezu zwingender Logik – und erwies sich doch als unwahr. Heute, nachdem die kapitalistische Wirtschaftsform den Sprung von der industriellen Massenproduktion in das informationstechnologische Zeitalter geschafft hat, in der Epoche von Wissensarbeit, Computerisierung, mikroelektronisch gesteuerter Produktion, von Gentech und Internet würde kaum jemand weiter voraussagen, der Kapitalismus würde unfähig zur Innovation. Ja, mehr als das: Dieser Kapitalismus erweist sich gar als fähig, alle Kreativität dieser Wissensarbeiter schonunglos auszubeuten und sogar deren rebellische Impulse, deren Widerborstigkeit sich als produktive Kräfte zu integrieren, und zwingt sie in das Netz kooperativer, eigenverantwortlicher Arbeit, das freilich vom Lohn-, Konkurrenz- und Wertprinzip eingefärbt bleibt. Daß dieser Kapitalismus an seiner Unfähigkeit, selbstverantwortliche Arbeit kooperativ zu organisieren, scheitern würde, wäre heute eine gewagte These: Erweisen sich nicht große Firmen, die Freiberufler der Ich-AGs und, beispielsweise, Software-Programmierer als durchaus routiniert, Arbeit zwischen New York, Ulm und Bangalore in Sekundenschnelle zu kombinieren, neu zusammenzusetzen und kreativ zu gestalten?

Auch der Prozeß der Monopolbildung scheint heutzutage, trotz der Mega-Fusionen der vergangenen Jahre, als durchaus mehrdeutig: Monopole entstehen und vergehen, alte erweisen sich als schwerfällig, neugegründete Unternehmen fordern diese Monopole heraus, wachsen ihrerseits zu beeindruckender Größe und halten so das Konkurrenzprinzip ad infinitum am Leben – ganz abgesehen von den Anti-Monopol-Gesetzen, die der Staat durchsetzt, womit wir wieder bei einem der modifizierenden Umstände wären, die Marx konsequenterweise beiseite schieben mußte. Auch die zunehmende Verelendung, die Marx als logische Folge des kapitalistischen Prinzips voraussagte – wenngleich er im »Kapital« durchaus eher von relativer denn von absoluter Verelendung ausging – trat so nicht ein; ob es freilich in der Logik der kapitalistischen Produktion als solcher liegt, einen gewissen Aufschwung auch der Lebensqualität der Arbeiter herbeizuführen (wie das von den Hohepriestern der freien Marktwirtschaft behauptet wird), oder ob dies eher Resultat wiederum von modifizierenden Umständen ist, etwa staatlicher Eingriffe, um die Stabilität des Systems zu wahren, oder Konsequenz erfolgreicher Kämpfe der Unterprivilegierten um ihren Teil des gesellschaftlichen Reichtums, sei dahingestellt. Das Faktum ist eindeutig: Die Proletarier haben heute weit mehr zu verlieren als ihre Ketten.

Und daß der Staat, zumal der westeuropäische Sozialstaat, tatsächlich nichts anderes ist als eine Instanz der Klassenherrschaft, das Instrument der »Diktatur der Bourgeoisie«, der es, nach einer Revolution, im ersten Schritt eine »Diktatur des Proletariats« entgegenzusetzen gelte, die, einmal konsolidiert, nach und nach zum Verschwinden der Staatlichkeit, zum Untergang des Staates führen würde – dies ist eine jener der Marxschen Gedankenreihen, die heute wohl nur mehr von den eingefleischtesten Marx-Adoranten vertreten würde.

Und dennoch bleibt das Marxsche Gedankengebäude auf erstaunliche Weise unberührt von solchen Irrtümern – und selbst vom gesellschaftlichen Wandel. Der ungarische Marxist Georg Lukács hat diesen Sachverhalt Anfang des 20. Jahrhunderts in einen paradoxen Satz zusammengefaßt: »Angenommen – wenn auch nicht zugegeben –, die neuere Forschung hätte die sachliche Unrichtigkeit sämtlicher einzelner Aussagen von Marx einwandfrei nachgewiesen, so könnte jeder ernsthafte ›orthodoxe‹ Marxist

alle diese neuen Resultate bedingungslos anerkennen,
sämtliche einzelnen Thesen von Marx verwerfen – ohne
für eine Minute seine marxistische Orthodoxie aufgeben
zu müssen.«[112]

Marx' ungebrochene Größe beruht immer noch auf der
von ihm geschaffenen Methodik, soziale Prozesse zu verstehen. Und so gilt auch heute: Es gibt keine bessere
Weise, denken zu lernen, als Marx zu lesen. Es ist geradezu grotesk, Marx in ein enges doktrinäres Korsett zu
zwängen, jenen Marx, für den sich Geschichte in Widersprüchen, überraschenden Paradoxien, erstaunlichen Pirouetten und dialektischen Volten vollzog und der uns
deutlich zu machen vermag, daß die Welt nicht ein Komplex von fertigen Dingen, sondern »ein Komplex von
Prozessen« ist, wie Engels in »Ludwig Feuerbach und der
Ausgang der klassischen deutschen Philosophie« schreibt
(MEAW 6, S. 298). Marx lesen ist ein Heilmittel gegen
alle positivistischen Borniertheiten, gegen alle letzten
Wahrheiten. Statt dessen gilt: Da es so ist, bleibt es nicht
so. Jede gesellschaftliche Lage steht, wie fest sie begründet zu sein scheint, auf des Messers Schneide, immer bereit, in ihr Gegenteil umzuschlagen. Die Welt ist stabil,
starr verfaßt und unveränderlich? Nein, die Welt ändert
sich unentwegt, in ihr herrscht ein Gesetz ewiger Dynamik, hinter dem aber keine metaphysische Wahrheit
steckt, sondern einfach die Wechselwirkung von materiellen Zwangsläufigkeiten, individuellen Akten und von
Zufälligkeiten. Wir sind am Ende der Geschichte? Man
hüte sich vor solchen Voraussagen, wer weiß schon, was
das Morgen bringt. Wie eigentlich kann jemand, der seine
fünf Sinne beisammen hat, auch nur der Idee verfallen,

der bisherige gesellschaftliche Ordnungsrahmen sei der endgültige, nunmehr unabänderliche – wie kann er gleichzeitig die ewige Innovation, den stetigen und sich beschleunigenden gesellschaftlichen Wandel zur Kenntnis nehmen? Wir können nur eines erwarten: das Unerwartete. Und man hüte sich auch, aus den Beschränktheiten der Menschen auf die Beschränktheiten der Zukunft zu schließen. Die Menschen lernen im Vorwärtsgehen, indem sie handeln, praktisch tätig sind. Und in der gesellschaftlichen Praxis, in die sie zugegebenermaßen auch zufällig stolpern können, kommen sie bisweilen schlagartig dazu, wie Marx einmal auf so unnachahmliche Weise sagte, »sich den ganzen alten Dreck vom Halse zu schaffen und zu einer neuen Begründung der Gesellschaft befähigt zu werden« (MEAW 1, S. 231).

Denken, das an Marx geschult ist, ist gegen habituell-konservative Verzagtheiten ebenso immunisiert wie gegen monokausale Simplifizierungen und damit gerade für unsere vielfach interdependenten Gesellschaften die Bedingung eines jeden Erkenntnisprozesses. Bei, mit und nach Marx können wir lernen, wie unterschiedlichste Kräfte – Illusionen und materielle Verhältnisse, Massenhysterie und Traditionen, Machtstrategien und rebellische Affekte – aufeinander einwirken und Resultate zeitigen, die eigentlich von niemandem gewollt sind und dennoch das labil-stabile Ensemble jener Lebensbedingungen bilden, die uns prägen – und die wiederum von uns geprägt werden. Es ist kein Wunder, daß noch die Klügsten derer, die Marx *verwerfen*, dies meist auf eine Weise tun, die ihr Herkommen von Marx nicht verleugnen kann.

Und die Marxsche Wissenschaft von den gesellschaft-

lichen Prozessen ist auch eine Medizin gegen Fachidio-
tismus jeder Art. Der *Marxismus* ist geradezu das Modell
für eine integrale Interdisziplinarität. Wo wären die avanciertesten Gesellschaftstheorien unserer Tage ohne Marx?
Wo wäre der französische Strukturalismus ohne die Analyse der subjektlos prozessierenden ökonomischen Struktur, wo die moderne deutsche Systemtheorie ohne die
grandiose Beschreibung der automatischen Welt, und was
wären die dieser Tage so modernen *Cultural Studies* ohne
die Beiträge von Marx inspirierter Kulturwissenschaftler
wie Frederic Jameson oder Terry Eagleton? Wie die Ökonomie des »Kapital« nicht von ökonomischen Dingen,
sondern von gesellschaftlichen Verhältnissen handelt, so
ist die gesamte Marxsche Unternehmung in einem weiten
Sinn »Humanwissenschaft«. Die Kultur wird zur Ware,
die Ware zur Kultur, der Individualismus zur Massen-
erscheinung, die Entideologisierung zur Ideologie: Wie
ließe sich all das besser beschreiben als mit dem Marxschen Gespür für Paradoxien, für ironische Volten?

Und wie kann man dies alles wissen, und doch nicht in
ein tragisches Bewußtsein verfallen, in zynische Abge-
klärtheit – wenn jedes Streben nach Eigenem nur in tie-
fere Verstrickung in das dichte Maschenwerk der äußeren
Zwänge führt, das stetige Wachstum der ökonomischen
und technologischen Potenzen nur zu größerer Macht
aller Verdummungs- und Verblendungszusammenhänge?
Gegen Depressionen dieser Art hilft die *Marxsche Geste*:
Das Wissen, daß alles, was entsteht, mit Sicherheit zu-
grunde geht; daß noch im Übelsten das Beste keimt; daß
in jedem Rückschritt auch ein Quantum Fortschritt sitzt,
im Kleinen das Große. Daß uns die Bäume nicht in den

Himmel wachsen, dafür sorgt übrigens ohnehin mit Sicherheit der Umstand, daß all dies auch umgekehrt gilt.

Gewiß, die säkularisierten Theologeme, die sich in Marx' Gedankenwelt finden, etwa die messianische Stellung des Proletariats oder der Rest an Heilsgeschichte, der noch im Begriff des Fortschritts sitzt, erscheinen uns heute wie aus einer anderen Welt. Tatsächlich fällt es beispielsweise schwer am Fortgang von Beethoven zu Dieter Bohlen irgendeine Art von »Fortschritt« zu erkennen (abgesehen von dem unabweisbaren der »Produktivkräfte« in Gestalt des computerisierten Tonstudios), und auch der Fortschritt von der Steinschleuder zur Megatonnenbombe ist durchaus diskussionswürdig.

Und dennoch sollten wir daraus nicht in die Konsequenz eines nur tragischen, depressiven Bewußtseins verfallen. Zwar ist die Geschichte ohne Zweifel kein Heilsgeschehen, an deren Ende die klassenlose Gesellschaft der autonomen Subjekte stünde, aber sie ist doch auch ein aufsteigender, zielgerichteter Prozeß: Zwischen dem Europa des Neolithikum und dem Europa unserer Tage besteht eine Differenz, für die es nicht völlig abwegig ist, den Begriff »Fortschritt« zu gebrauchen. Und so kann uns auch Marx zwar heute keinen kopflosen Optimismus mehr lehren, aber doch eine gewisse selbstbewußte Zuversicht.

Jeder, sogar der leerste historische Moment ist immer auch ein Beginn, auf den etwas folgt. Was, das ist auf radikale Weise offen. Gerade darum kommt es darauf an, was wir daraus machen.

Mit Marx denken heißt also, am Beginn dieses Jahrtausends, mit den Verhältnissen gegen die Verhältnisse zu denken, die immer auch, wenn schon nicht ihre Negation, so doch rebellische Energien mit-produzieren. Wenn gilt, daß der entgrenzte, raffinierte, auf Wissen basierende Kapitalismus den Eigensinn der Subjekte noch für sich produktiv zu machen versteht, so gilt doch auch umgekehrt, daß er diesen Eigensinn auf immer erweiterter Grundlage produziert. Der Kapitalismus scheitert zwar nicht, wie Marx dachte, weil er die Kreativitäten, die er zu wecken vermag, nicht zu nützen verstünde, aber er schafft, gerade weil er sie zu wecken, zu nützen, zu hegen und zu pflegen versteht, ein emanzipatorisches Potential – nicht mehr in Form der »Einheit der Arbeiterklasse« zwar, wie sie die Alten organisierten, sondern in Gestalt des Eigensinns der Vielen. Eine Vielzahl von Menschen, die gewiß nicht viel vereint, die aber doch eine Vorstellung von »Erfolg« haben, welche sich simplen pekuniären Rationalitäten entzieht, von »Würde«, die von Selbstbestimmung träumt; und dies längst nicht mehr nur in den Wohlstands-Metropolen, sondern auf globaler Grundlage. Träume (bzw., wo sie nicht einlösbar sind, ein Unbehagen), die wohlgemerkt nicht von Träumern ersonnen oder von Theoretikern eines Radical Chic verbreitet werden (das vielleicht auch), sondern die im eigentlichen Sinn von den Verhältnissen selbst geschaffen werden. Die innere Dynamik des Kapitalismus schafft die Voraussetzung jener Ideen von Autonomie, welche sich an den Realitäten von Produktion, Organisation, Kapitalverhältnis und Herrschaftsstrukturen immer wieder brechen. Mit vielfachen Ergebnissen: Frustrationen, gescheiterten Rebellionen und gebeugten Existenzen, aber auch spielerischen Erfindungen neuer Lebenszusammenhänge

– durch die Jungen, die »ihr Ding« machen –, Verweige-
rungsversuchen, Ich-AGs und Lebenskünstlern. Dieser
Kapitalismus ist ein Theater, eine Versuchsanordnung,
mit der schönen Eigenart, daß die Versuche, die auf dieser
Bühne gemacht werden, bisweilen scheitern und dennoch erfolgreich sein können. Die materielle Bewegung
»macht« die Subjekte und vermag sie dennoch nicht völlig
widerspruchsfrei an sich anzuschließen. Sie produziert,
im Gegenteil, die Widersprüche immer aufs neue. Wie ein
unausrottbarer Kern sitzt das emanzipatorische Potential
in dem paradoxen Raum, den dieser Kapitalismus auf-
spannt. Über diesen Kapitalismus des Informationszeit-
alters und die Überraschungen, die er parat hält, hat uns,
wie hoffentlich für den Leser nachvollziehbar gezeigt
wurde, der alte Meister des »mit den Verhältnissen gegen
die Verhältnisse Denkens«, Karl Marx, viel zu sagen.

ANHANG

Leseempfehlung

Man stelle sich vor, wir versuchten eine Auswahl der wichtigsten, ja nur der allerwichtigsten Texte von Karl Marx herauszugeben: Schwer täten wir uns, sie zwischen zwei Buchdeckel zu zwängen: Die *Pariser Manuskripte* müßten rein, ein paar Passagen aus der »Deutschen Ideologie« wären unvermeidbar, das gesamte »Manifest« ein Muß, Marx' aktuelle Publizistik aus dem 1848 Jahr und den Jahren danach sowieso, das berühmte Vorwort aus »Zur Kritik der Politischen Ökonomie« aus dem Jahr 1859 hätte einen Ehrenplatz. Aus den »Grundrissen« müßten ein paar wichtige Passagen unbedingt aufgenommen werden und selbstverständlich aus dem »Kapital«: das Kapitel über den »Fetischcharakter der Arbeit«, zumindest, natürlich aber auch so wesentliche Stellen wie die über »Maschinerie und große Industrie« oder den »Akkumulationsprozeß des Kapitals«.

Dafür fehlt hier natürlich der Platz. Darum sollen zwei vollkommen unterschiedliche Schriften von Karl Marx präsentiert werden.

Zunächst einer der wichtigsten Texte des jungen Marx – geschrieben um die Jahreswende 1843/44 im Pariser Exil, veröffentlicht in den »Deutsch-Französischen Jahrbüchern« 1844: »Zur Kritik der Hegelschen Rechtsphilosophie. Einleitung«. Ein furioser, drängender Text. Ein Dutzend Seiten, die längst ihren fixen Platz in der Philosophiegeschichte haben.

Der zweite Text, viel weniger beachtet, zu Marx' Lebzeiten nicht veröffentlicht, knapp zwei Jahrzehnte nach dem feurigen Jugendpamphlet geschrieben, Teil des Konvoluts »Theorien über den Mehrwert«, das 1861 bis 1863 von Marx angesammelt wurde. Einer der kuriosesten Marx-Texte, ein kleines Stück ökonomischer Wissenschaft und dennoch auch Satire. Hier wird uns bewiesen, daß ein Verbrecher so produktiv ist wie ein Rechtsprofessor oder ein Schlosser, ja, daß die Produktivität des ersteren von der der letzteren nicht zu trennen ist: Was wäre der Strafrechtsprofessor ohne das Verbrechen, was die Arbeit des Schlösser-Produzenten ohne die Gefahr, die vom Einbrecher ausgeht?

Die beiden Texte markieren in gewisser Weise zwei Extrempositionen, zwischen denen sich das literarische, philosophische und ökonomische Schaffen von Marx verorten läßt. Und sie beweisen, jeder auf seine Art, daß Marx lesen immer auch ein großes Vergnügen darstellt.

Zur Kritik der Hegelschen Rechtsphilosophie. Einleitung

Für Deutschland ist die *Kritik der Religion* im wesentlichen beendigt, und die Kritik der Religion ist die Voraussetzung aller Kritik.

Die *profane* Existenz des Irrtums ist kompromittiert, nachdem seine *himmlische oratio pro ans et focis** widerlegt ist. Der Mensch, der in der phantastischen Wirklichkeit des Himmels, wo er einen Übermenschen suchte, nur den *Widerschein* seiner selbst gefunden hat, wird nicht mehr geneigt sein, nur den *Schein* seiner selbst, nur den Unmenschen zu finden, wo er seine wahre Wirklichkeit sucht und suchen muß.

Das Fundament der irreligiösen Kritik ist: *Der Mensch macht die Religion*, die Religion macht nicht den Menschen. Und zwar ist die Religion das Selbstbewußtsein und das Selbstgefühl des Menschen, der sich selbst entweder noch nicht erworben oder schon wieder verloren hat. Aber *der Mensch*, das ist kein abstraktes, außer der Welt hockendes Wesen. Der Mensch, das ist *die Welt des Menschen*, Staat, Sozietät. Dieser Staat, diese Sozietät produzieren die Religion, ein *verkehrtes Weltbewußtsein*, weil sie eine *verkehrte Welt* sind. Die Religion ist die allgemeine Theorie dieser Welt, ihr enzyklopädisches Kompendium,

* Gebet für Altar und Herd

141

ihre Logik in populärer Form, ihr spiritualistischer Point-d'honneur*, ihr Enthusiasmus, ihre moralische Sanktion, ihre feierliche Ergänzung, ihr allgemeiner Trost- und Rechtfertigungsgrund. Sie ist die *phantastische Verwirklichung* des menschlichen Wesens, weil das *menschliche Wesen* keine wahre Wirklichkeit besitzt. Der Kampf gegen die Religion ist also mittelbar der Kampf gegen *jene Welt*, deren geistiges *Aroma* die Religion ist.

Das *religiöse* Elend ist in einem der *Ausdruck* des wirklichen Elendes und in einem die *Protestation* gegen das wirkliche Elend. Die Religion ist der Seufzer der bedrängten Kreatur, das Gemüt einer herzlosen Welt, wie sie der Geist geistloser Zustände ist. Sie ist das *Opium* des Volks.

Die Aufhebung der Religion als des *illusorischen* Glücks des Volkes ist die Forderung seines *wirklichen* Glücks. Die Forderung, die Illusionen über seinen Zustand aufzugeben, ist die *Forderung, einen Zustand aufzugeben, der der Illusionen bedarf*. Die Kritik der Religion ist also im *Keim* die *Kritik des Jammertales*, dessen *Heiligenschein* die Religion ist.

Die Kritik hat die imaginären Blumen an der Kette zerpflückt, nicht damit der Mensch die phantasielose, trostlose Kette trage, sondern damit er die Kette abwerfe und die lebendige Blume breche. Die Kritik der Religion enttäuscht den Menschen, damit er denke, handle, seine Wirklichkeit gestalte wie ein enttäuschter, zu Verstand gekommener Mensch, damit er sich um sich selbst und damit um seine wirkliche Sonne bewege. Die Religion ist nur die illusorische Sonne, die sich um den Menschen bewegt, solange er sich nicht um sich selbst bewegt.

* Ehrenpunkt

Es ist also die *Aufgabe der Geschichte*, nachdem das *Jenseits der Wahrheit* verschwunden ist, die *Wahrheit des Diesseits* zu etablieren. Es ist zunächst die *Aufgabe der Philosophie*, die im Dienste der Geschichte steht, nachdem die *Heiligengestalt* der menschlichen Selbstentfremdung entlarvt ist, die Selbstentfremdung in ihren *unheiligen Gestalten* zu entlarven. Die Kritik des Himmels verwandelt sich damit in die Kritik der Erde, die *Kritik der Religion* in die *Kritik des Rechts*, die *Kritik der Theologie* in die *Kritik der Politik*.

Die nachfolgende Ausführung – ein Beitrag zu dieser Arbeit – schließt sich zunächst nicht an das Original, sondern an eine Kopie, an die deutsche Staats- und Rechts-*Philosophie* an, aus keinem andern Grunde, als weil sie sich an *Deutschland* anschließt.

Wollte man an den deutschen *status quo* selbst anknüpfen, wenn auch in einzig angemessener Weise, d. h. negativ, immer bliebe das Resultat ein *Anachronismus*. Selbst die Verneinung unserer politischen Gegenwart findet sich schon als bestaubte Tatsache in der historischen Rumpelkammer der modernen Völker. Wenn ich die gepuderten Zöpfe verneine, habe ich immer noch die ungepuderten Zöpfe. Wenn ich die deutschen Zustände von 1843 verneine, stehe ich, nach französischer Zeitrechnung, kaum im Jahre 1789, noch weniger im Brennpunkt der Gegenwart.

Ja, die deutsche Geschichte schmeichelt sich einer Bewegung, welche ihr kein Volk am historischen Himmel weder vorgemacht hat noch nachmachen wird. Wir haben nämlich die Restaurationen der modernen Völker geteilt, ohne ihre Revolutionen zu teilen. Wir wurden restauriert, erstens, weil andere Völker eine Revolution wagten, und

zweitens, weil andere Völker eine Konterrevolution lit-
ten, das eine Mal, weil unsere Herren Furcht hatten, und
das andere Mal, weil unsere Herren keine Furcht hatten.
Wir, unsere Hirten, an der Spitze, befanden uns immer
nur einmal in der Gesellschaft der Freiheit, am *Tag ihrer
Beerdigung*.

Eine Schule, welche die Niederträchtigkeit von heute
durch die Niederträchtigkeit von gestern legitimiert, eine
Schule, die jeden Schrei des Leibeigenen gegen die Knute
für rebellisch erklärt, sobald die Knute eine bejahrte, eine
angestammte, eine historische Knute ist, eine Schule, der
die Geschichte, wie der Gott Israels seinem Diener Mo-
ses, nur ihr *a posteriori** zeigt, die *historische Rechtsschule*,
sie hätte daher die deutsche Geschichte erfunden, wäre sie
nicht eine Erfindung der deutschen Geschichte. Shylock,
aber Shylock der Bediente, schwört sie für jedes Pfund
Fleisch, welches aus dem Volksherzen geschnitten wird,
auf ihren Schein, auf ihren historischen Schein, auf ihren
christlich-germanischen Schein.

Gutmütige Enthusiasten dagegen, Deutschtümler von
Blut und Freisinnige von Reflexion, suchen unsere Geschichte der Freiheit jenseits unserer Geschichte in den
teutonischen Urwäldern. Wodurch unterscheidet sich
aber unsere Freiheitsgeschichte von der Freiheitsgeschichte des Ebers, wenn sie nur in den Wäldern zu finden ist? Zudem ist es bekannt: Wie man hineinschreit in
den Wald, schallt es heraus aus dem Wald. Also Friede den
teutonischen Urwäldern!

Krieg den deutschen Zuständen! Allerdings! Sie stehn
unter dem Niveau der Geschichte, sie sind *unter aller*

* Hier: Hinterteil

Kritik, aber sie bleiben ein Gegenstand der Kritik, wie der Verbrecher, der unter dem Niveau der Humanität steht, ein Gegenstand des *Scharfrichters* bleibt. Mit ihnen im Kampf ist die Kritik keine Leidenschaft des Kopfs, sie ist der Kopf der Leidenschaft. Sie ist kein anatomisches Messer, sie ist eine Waffe. Ihr Gegenstand ist ihr *Feind*, den sie nicht widerlegen, sondern *vernichten* will. Denn der Geist jener Zustände ist widerlegt. An und für sich sind sie keine *denkwürdigen* Objekte, sondern ebenso verächtliche, als verachtete *Existenzen*. Die Kritik für sich bedarf nicht der Selbstverständigung mit diesem Gegenstand, denn sie ist mit ihm im reinen. Sie gibt sich nicht mehr als *Selbstzweck*, sondern nur noch als *Mittel*. Ihr wesentliches Pathos ist die *Indignation*, ihre wesentliche Arbeit die *Denunziation*.

Es gilt die Schilderung eines wechselseitigen dumpfen Drucks aller sozialen Sphären aufeinander, einer allgemeinen, tatlosen Verstimmung, einer sich ebensosehr anerkennenden als verkennenden Beschränktheit, eingefaßt in den Rahmen eines Regierungssystems, welches, von der Konservation aller Erbärmlichkeiten lebend, selbst nichts ist als die *Erbärmlichkeit an der Regierung*.

Welch ein Schauspiel! Die ins unendliche fortgehende Teilung der Gesellschaft in die mannigfaltigsten Rassen, welche mit kleinen Antipathien, schlechten Gewissen und brutaler Mittelmäßigkeit sich gegenüberstehn, welche eben um ihrer wechselseitigen zweideutigen und argwöhnischen Stellung willen alle ohne Unterschied, wenn auch mit verschiedenen Formalitäten, als *konzessionierte Existenzen* von ihren *Herren* behandelt werden. Und selbst dies, daß sie *beherrscht, regiert, besessen* sind, müssen sie

als eine *Konzession des Himmels* anerkennen und beken-
nen! Andrerseits jene Herrscher selbst, deren Größe in
umgekehrtem Verhältnisse zu ihrer Zahl steht!

Die Kritik, die sich mit diesem Inhalt befaßt, ist die
Kritik im *Handgemenge*, und im Handgemenge handelt es
sich nicht darum, ob der Gegner ein edler, ebenbürtiger,
ein *interessanter* Gegner ist, es handelt sich darum, ihn zu
treffen. Es handelt sich darum, den Deutschen keinen
Augenblick der Selbsttäuschung und Resignation zu gön-
nen. Man muß den wirklichen Druck noch drückender
machen, indem man ihm das Bewußtsein des Drucks hin-
zufügt, die Schmach noch schmachvoller, indem man sie
publiziert. Man muß jede Sphäre der deutschen Gesellschaft als die *partie honteuse** der deutschen Gesellschaft schildern, man muß diese versteinerten Verhältnisse dadurch zum Tanzen zwingen, daß man ihnen ihre
eigne Melodie vorsingt! Man muß das Volk vor sich selbst
erschrecken lehren, um ihm *Courage* zu machen. Man erfüllt damit ein unabweisbares Bedürfnis des deutschen
Volks, und die Bedürfnisse der Völker sind in eigener
Person die letzten Gründe ihrer Befriedigung.

Und selbst für die *modernen* Völker kann dieser Kampf
gegen den borniertten Inhalt des deutschen *status quo*
nicht ohne Interesse sein, denn der deutsche *status quo* ist
die *offenherzige Vollendung* des *ancien régime***, und das
ancien régime ist der *versteckte Mangel des modernen
Staates*. Der Kampf gegen die deutsche politische Gegenwart ist der Kampf gegen die Vergangenheit der modernen Völker, und von den Reminiszenzen dieser Vergan-

---

* den Schandfleck
** alten Regimes (vor der Französischen Revolution 1789–1794)

genheit werden sie noch immer belästigt. Es ist lehrreich für sie, das *ancien régime*, das bei ihnen seine *Tragödie* erlebte, als deutschen Revenant seine *Komödie* spielen zu sehen. *Tragisch* war seine Geschichte, solange es die präexistierende Gewalt der Welt, die Freiheit dagegen ein persönlicher Einfall war, mit einem Wort, solange es selbst an seine Berechtigung glaubte und glauben mußte. Solange das *ancien régime* als vorhandene Weltordnung mit einer erst werdenden Welt kämpfte, stand auf seiner Seite ein weltgeschichtlicher Irrtum, aber kein persönlicher. Sein Untergang war daher tragisch.

Das jetzige deutsche Regime dagegen, ein Anachronismus, ein flagranter Widerspruch gegen allgemein anerkannte Axiome, die zur Weltschau ausgestellte Nichtigkeit des *ancien régime*, bildet sich nur noch ein, an sich selbst zu glauben, und verlangt von der Welt dieselbe Einbildung. Wenn es an sein eignes *Wesen* glaubte, würde es dasselbe unter dem Schein eines fremden Wesens zu verstecken und seine Rettung in der Heuchelei und dem Sophisma suchen? Das moderne *ancien régime* ist nur mehr der *Komödiant* einer Weltordnung, deren *wirkliche Helden* gestorben sind. Die Geschichte ist gründlich und macht viele Phasen durch, wenn sie eine alte Gestalt zu Grabe trägt. Die letzte Phase einer weltgeschichtlichen Gestalt ist ihre *Komödie*. Die Götter Griechenlands, die schon einmal tragisch zu Tode verwundet waren im gefesselten Prometheus des Äschylus, mußten noch einmal komisch sterben in den Gesprächen Lucians. Warum dieser Gang der Geschichte? Damit die Menschheit *heiter* von ihrer Vergangenheit scheide. Diese *heitere* geschichtliche Bestimmung vindizieren wir den politischen Mächten Deutschlands.

Sobald indes die *moderne* politisch-soziale Wirklichkeit selbst der Kritik unterworfen wird, sobald also die Kritik zu wahrhaft menschlichen Problemen sich erhebt, befindet sie sich außerhalb des deutschen *status quo*, oder sie würde ihren Gegenstand *unter* ihrem Gegenstand greifen. Ein Beispiel! Das Verhältnis der Industrie, überhaupt der Welt des Reichtums, zu der politischen Welt ist ein Hauptproblem der modernen Zeit. Unter welcher Form fängt dies Problem an, die Deutschen zu beschäftigen? Unter der Form der *Schutzzölle*, des *Prohibitivsystems*, der *Nationalökonomie*. Die Deutschtümelei ist aus dem Menschen in die Materie gefahren, und so sahen sich eines Morgens unsere Baumwollritter und Eisenhelden in Patrioten verwandelt. Man beginnt also in Deutschland die Souveränität des Monopols nach innen anzuerkennen, dadurch daß man ihm die *Souveränität nach außen* verleiht. Man beginnt also jetzt in Deutschland anzufangen, womit man in Frankreich und England zu enden beginnt. Der alte faule Zustand, gegen den diese Länder theoretisch im Aufruhr sind und den sie nur noch ertragen, wie man die Ketten erträgt, wird in Deutschland als die aufgehende Morgenröte einer schönen Zukunft begrüßt, die kaum noch wagt, aus der *listigen** Theorie in die schonungsloseste Praxis überzugehn. Während das Problem in Frankreich und England lautet: *Politische Ökonomie oder Herrschaft der Sozietät über den Reichtum*, lautet es in Deutschland: *National-Ökonomie oder Herrschaft des Privateigentums über die Nationalität*. Es gilt also in Frankreich und England, das Monopol, das bis zu seinen letzten Konsequenzen fortgegangen ist, auf-

---

* Anspielung auf die Schutzzollagitation Friedrich Lists

zuheben; es gilt in Deutschland, bis zu den letzten Konsequenzen des Monopols fortzugehen. Dort handelt es sich um die Lösung, und hier handelt es sich erst um die Kollision. Ein zureichendes Beispiel von der *deutschen* Form der modernen Probleme, ein Beispiel, wie unsere Geschichte, gleich einem ungeschickten Rekruten, bisher nur die Aufgabe hatte, abgedroschene Geschichten nachzuexerzieren.

Ginge also die *gesamte* deutsche Entwicklung nicht über die *politische* deutsche Entwicklung hinaus, ein Deutscher könnte sich höchstens an den Problemen der Gegenwart beteiligen, wie sich ein *Russe* daran beteiligen kann. Allein wenn das einzelne Individuum nicht gebunden ist durch die Schranken der Nation, ist die gesamte Nation noch weniger befreit durch die Befreiung eines Individuums. Die Skythen haben keinen Schritt zur griechischen Kultur vorwärts getan, weil Griechenland einen Skythen unter seine Philosophen zählt.

Zum Glück sind wir Deutsche keine Skythen.

Wie die alten Völker ihre Vorgeschichte in der Imagination erlebten, in der *Mythologie*, so haben wir Deutsche unsre Nachgeschichte im Gedanken erlebt, in der *Philosophie*. Wir sind *philosophische* Zeitgenossen der Gegenwart, ohne ihre *historischen* Zeitgenossen zu sein. Die deutsche Philosophie ist die ideale Verlängerung der deutschen Geschichte. Wenn wir also statt die *œuvres incomplètes**** unsrer reellen Geschichte die *œuvres posthumes***** unserer ideellen Geschichte, die *Philosophie*, kritisieren, so steht unsere Kritik mitten unter den Fragen, von denen die Ge-

* unvollendeten Werke
** nachgelassenen Werke

genwart sagt: *That is the question**. Was bei den fortge-
schrittenen Völkern *praktischer* Zerfall mit den modernen
Staatszuständen ist, das ist in Deutschland, wo diese Zustände selbst noch nicht einmal existieren, zunächst *kritischer* Zerfall mit der philosophischen Spiegelung dieser
Zustände.

Die *deutsche Rechts- und Staatsphilosophie* ist die ein-
zige mit der *offiziellen* modernen Gegenwart *al pari*** stehende *deutsche Geschichte*. Das deutsche Volk muß daher
diese seine Traumgeschichte mit zu seinen bestehenden
Zuständen schlagen und nicht nur diese bestehenden
Zustände, sondern zugleich ihre abstrakte Fortsetzung
der Kritik unterwerfen. Seine Zukunft kann sich weder
auf die unmittelbare Verneinung seiner reellen noch auf
die unmittelbare Vollziehung seiner ideellen Staats- und
Rechtszustände *beschränken*, denn die unmittelbare Verneinung seiner reellen Zustände besitzt es in seinen ideellen Zuständen, und die unmittelbare Vollziehung seiner
ideellen Zustände hat es in der Anschauung der Nachbar-
völker beinahe schon wieder *überlebt*. Mit Recht fordert
daher die *praktische* politische Partei in Deutschland die
Negation der Philosophie. Ihr Unrecht besteht nicht in der
Forderung, sondern in dem Stehnbleiben bei der Forderung, die sie ernstlich weder vollzieht noch vollziehen
kann. Sie glaubt, jene Negation dadurch zu vollbringen,
daß sie der Philosophie den Rücken kehrt und abgewand-
ten Hauptes – einige ärgerliche und banale Phrasen über
sie hermurmelt. Die Beschränktheit ihres Gesichtskreises
zählt die Philosophie nicht ebenfalls in den Bering der

* Das ist die Frage
** auf gleicher Stufe

deutschen Wirklichkeit oder wähnt sie gar *unter* der deutschen Praxis und den ihr dienenden Theorien. Ihr verlangt, daß man an *wirkliche Lebenskeime* anknüpfen soll, aber ihr vergeßt, daß der wirkliche Lebenskeim des deutschen Volkes bisher nur unter seinem *Hirnschädel* gewuchert hat. Mit einem Worte: *Ihr könnt die Philosophie nicht aufheben, ohne sie zu verwirklichen.*

Dasselbe Unrecht, nur mit *umgekehrten* Faktoren, beging die *theoretische*, von der Philosophie her datierende politische Partei.

Sie erblickte in dem jetzigen Kampf *nur* den *kritischen Kampf der Philosophie mit der deutschen Welt*, sie bedachte nicht, daß die *seitherige Philosophie* selbst zu dieser Welt gehört und ihre, wenn auch ideelle, *Ergänzung* ist. Kritisch gegen ihren Widerpart, verhielt sie sich unkritisch zu sich selbst, indem sie von den *Voraussetzungen* der Philosophie ausging und bei ihren gegebenen Resultaten entweder stehenblieb oder anderweitig hergeholte Forderungen und Resultate für unmittelbare Forderungen und Resultate der Philosophie ausgab, obgleich dieselben – ihre Berechtigung vorausgesetzt – im Gegenteil nur durch die *Negation der seitherigen Philosophie*, der Philosophie als Philosophie, zu erhalten sind. Eine näher eingehende Schilderung dieser Partei behalten wir uns vor. Ihr Grundmangel läßt sich dahin reduzieren: *Sie glaubte, die Philosophie verwirklichen zu können, ohne sie aufzuheben.*

Die Kritik der *deutschen Staats- und Rechtsphilosophie*, welche durch *Hegel* ihre konsequenteste, reichste und letzte Fassung erhalten hat, ist beides, sowohl die kritische Analyse des modernen Staats und der mit ihm zusammenhängenden Wirklichkeit als auch die entschiedene

Verneinung der ganzen bisherigen *Weise* des *deutschen politischen und rechtlichen Bewußtseins*, dessen vornehmster, universellster, zur *Wissenschaft* erhobener Ausdruck eben die *spekulative Rechtsphilosophie* selbst ist. War nur in Deutschland die spekulative Rechtsphilosophie möglich, dies abstrakte überschwengliche *Denken* des modernen Staats, dessen Wirklichkeit ein Jenseits bleibt, mag dies Jenseits auch nur jenseits des Rheins liegen: so war ebensosehr umgekehrt das *deutsche*, vom *wirklichen Menschen* abstrahierende Gedankenbild des modernen Staats nur möglich, weil und insofern der moderne Staat selbst vom *wirklichen Menschen* abstrahiert oder den *ganzen* Menschen auf eine nur imaginäre Weise befriedigt. Die Deutschen haben in der Politik *gedacht*, was die andern Völker *getan* haben. Deutschland war ihr *theoretisches Gewissen*. Die Abstraktion und Überhebung seines Denkens hielt immer gleichen Schritt mit der Einseitigkeit und Untersetztheit ihrer Wirklichkeit. Wenn also der *status quo* des *deutschen Staatswesens* die *Vollendung des ancien régime* ausdrückt, die Vollendung des Pfahls im Fleische des modernen Staats, so drückt der *status quo* des *deutschen Staatswissens* die *Unvollendung des modernen Staats* aus, die Schadhaftigkeit seines Fleisches selbst.

Schon als entschiedner Widerpart der bisherigen Weise des *deutschen* politischen Bewußtseins verläuft sich die Kritik der spekulativen Rechtsphilosophie nicht in sich selbst, sondern in *Aufgaben*, für deren Lösung es nur ein Mittel gibt: die Praxis.

Es fragt sich: Kann Deutschland zu einer Praxis *à la hauteur des principes*** gelangen, d. h. zu einer *Revolution*,

* die sich auf die Höhe der Prinzipien erhebt

die es nicht nur auf das *offizielle Niveau* der modernen Völker erhebt, sondern auf die *menschliche Höhe*, welche die nächste Zukunft dieser Völker sein wird?

Die Waffe der Kritik kann allerdings die Kritik der Waffen nicht ersetzen, die materielle Gewalt muß gestürzt werden durch materielle Gewalt, allein auch die Theorie wird zur materiellen Gewalt, sobald sie die Massen ergreift. Die Theorie ist fähig, die Massen zu ergreifen, sobald sie *ad hominem** demonstriert, und sie demonstriert *ad hominem*, sobald sie radikal wird. Radikal sein ist die Sache an der Wurzel fassen. Die Wurzel für den Menschen ist aber der Mensch selbst. Der evidente Beweis für den Radikalismus der deutschen Theorie, also für ihre praktische Energie, ist ihr Ausgang von der entschiedenen *positiven* Aufhebung der Religion. Die Kritik der Religion endet mit der Lehre, daß der *Mensch das höchste Wesen für den Menschen* sei, also mit dem *kategorischen Imperativ, alle Verhältnisse umzuwerfen*, in denen der Mensch ein erniedrigtes, ein geknechtetes, ein verlassenes, ein verächtliches Wesen ist, Verhältnisse, die man nicht besser schildern kann als durch den Ausruf eines Franzosen bei einer projektierten Hundesteuer: Arme Hunde! Man will euch wie Menschen behandeln!

Selbst historisch hat die theoretische Emanzipation eine spezifisch praktische Bedeutung für Deutschland. Deutschlands *revolutionäre* Vergangenheit ist nämlich theoretisch, es ist die *Reformation*. Wie damals der *Mönch*, so ist es jetzt der *Philosoph*, in dessen Hirn die Revolution beginnt.

Luther hat allerdings die Knechtschaft aus *Devotion*

* am Menschen

besiegt, weil er die Knechtschaft aus *Überzeugung* an ihre Stelle gesetzt hat. Er hat den Glauben an die Autorität gebrochen, weil er die Autorität des Glaubens restauriert hat. Er hat die Pfaffen in Laien verwandelt, weil er die Laien in Pfaffen verwandelt hat. Er hat den Menschen von der äußern Religiosität befreit, weil er die Religiosität zum innern Menschen gemacht hat. Er hat den Leib von der Kette emanzipiert, weil er das Herz in Ketten gelegt.

Aber, wenn der Protestantismus nicht die wahre Lösung, so war er die wahre Stellung der Aufgabe. Es galt nun nicht mehr den Kampf des Laien mit dem *Pfaffen außer ihm*, es galt den Kampf mit seinem eigenen innern *Pfaffen*, seiner *pfäffischen Natur*. Und wenn die protestantische Verwandlung der deutschen Laien in Pfaffen die Laienpäpste, die *Fürsten* samt ihrer Klerisei, den Privilegierten und den Philistern, emanzipierte, so wird die philosophische Verwandlung der pfäffischen Deutschen in Menschen das *Volk* emanzipieren. Sowenig aber die Emanzipation bei den Fürsten, sowenig wird die *Säkularisation* der Güter bei dem *Kirchenraub* stehenbleiben, den vor allen das heuchlerische Preußen ins Werk setzte. Damals scheiterte der Bauernkrieg, die radikalste Tatsache der deutschen Geschichte, an der Theologie. Heute, wo die Theologie selbst gescheitert ist, wird die unfreiste Tatsache der deutschen Geschichte, unser *status quo*, an der Philosophie zerschellen. Den Tag vor der Reformation war das offizielle Deutschland der unbedingteste Knecht von Rom. Den Tag vor seiner Revolution ist es der unbedingte Knecht von weniger als Rom, von Preußen und Österreich, von Krautjunkern und Philistern.

Einer *radikalen* deutschen Revolution scheint indessen eine Hauptschwierigkeit entgegenzustehn.

Die Revolutionen bedürfen nämlich eines *passiven* Elementes, einer *materiellen* Grundlage. Die Theorie wird in einem Volke immer nur so weit verwirklicht, als sie die Verwirklichung seiner Bedürfnisse ist. Wird nun dem ungeheuern Zwiespalt zwischen den Forderungen des deutschen Gedankens und den Antworten der deutschen Wirklichkeit derselbe Zwiespalt der bürgerlichen Gesellschaft mit dem Staat und mit sich selbst entsprechen? Werden die theoretischen Bedürfnisse unmittelbar praktische Bedürfnisse sein? Es genügt nicht, daß der Gedanke zur Verwirklichung drängt, die Wirklichkeit muß sich selbst zum Gedanken drängen.

Aber Deutschland hat die Mittelstufen der politischen Emanzipation nicht gleichzeitig mit den modernen Völkern erklettert. Selbst die Stufen, die es theoretisch überwunden, hat es praktisch noch nicht erreicht. Wie sollte es mit einem *salto mortale* nicht nur über seine eignen Schranken hinwegsetzen, sondern zugleich über die Schranken der modernen Völker, über Schranken, die es in der Wirklichkeit als Befreiung von seinen wirklichen Schranken empfinden und erstreben muß? Eine radikale Revolution kann nur die Revolution radikaler Bedürfnisse sein, deren Voraussetzungen und Geburtsstätten eben zu fehlen scheinen.

Allein wenn Deutschland nur mit der abstrakten Tätigkeit des Denkens die Entwicklung der modernen Völker begleitet hat, ohne werktätige Partei an den wirklichen Kämpfen dieser Entwicklung zu ergreifen, so hat es andrerseits die *Leiden* dieser Entwicklung geteilt, ohne ihre Genüsse, ohne ihre partielle Befriedigung zu teilen. Der abstrakten Tätigkeit einerseits entspricht das abstrakte Leiden andrerseits. Deutschland wird sich daher eines Morgens auf dem Niveau des europäischen Verfalls befinden, bevor es jemals auf dem Niveau der europäischen Emanzipation gestanden hat. Man wird es einem *Fetischdiener* vergleichen können, der an den Krankheiten des Christentums siecht.

Betrachtet man zunächst die *deutschen Regierungen*, und man findet sie durch die Zeitverhältnisse, durch die Lage Deutschlands, durch den Standpunkt der deutschen Bildung, endlich durch eignen glücklichen Instinkt getrieben, die *zivilisierten Mängel der modernen Staatswelt*, deren Vorteile wir nicht besitzen, zu kombinieren mit den *barbarischen Mängeln* des *ancien régime*, dessen wir uns in vollem Maße erfreuen, so daß Deutschland, wenn nicht am Verstand, wenigstens am Unverstand auch der über seinen *status quo* hinausliegenden Staatsbildungen immer mehr partizipieren muß. Gibt es z. B. ein Land in der Welt, welches so naiv alle Illusionen des konstitutionellen Staatswesens teilt, ohne seine Realitäten zu teilen, als das sogenannte konstitutionelle Deutschland? Oder war es nicht notwendig ein deutscher Regierungseinfall, die Qualen der Zensur mit den Qualen der französischen Septembergesetze, welche die Preßfreiheit voraussetzen, zu verbinden! Wie man im römischen Pantheon die *Götter* aller Nationen fand, so wird man im heiligen römischen deutschen Reich die *Sünden* aller Staatsformen finden. Daß dieser Eklektizismus eine bisher nicht geahnte Höhe erreichen wird, dafür bürgt namentlich die *politisch-ästhetische Gourmanderie* eines deutschen

Königs*, der alle Rollen des Königtums, des feudalen wie des bürokratischen, des absoluten wie des konstitutionellen, des autokratischen wie des demokratischen, wenn nicht durch die Person des Volkes, so doch in *eigner* Person, wenn nicht für das Volk, so doch für *sich selbst* zu spielen gedenkt. *Deutschland als der zu einer eignen Welt konstituierte Mangel der politischen Gegenwart* wird die spezifisch deutschen Schranken nicht niederwerfen können, ohne die allgemeine Schranke der politischen Gegenwart niederzuwerfen.

Nicht die *radikale* Revolution ist utopischer Traum für Deutschland, nicht die *allgemein menschliche* Emanzipation, sondern vielmehr die teilweise, die *nur* politische Revolution, die Revolution, welche die Pfeiler des Hauses stehenläßt. Worauf beruht eine teilweise, eine nur politische Revolution? Darauf, daß ein *Teil der bürgerlichen Gesellschaft* sich emanzipiert und zur *allgemeinen* Herrschaft gelangt, darauf, daß eine bestimmte Klasse von ihrer *besondern Situation* aus die allgemeine Emanzipation der Gesellschaft unternimmt. Diese Klasse befreit die ganze Gesellschaft, aber nur unter der Voraussetzung, daß die ganze Gesellschaft sich in der Situation dieser Klasse befindet, also z. B. Geld und Bildung besitzt oder beliebig erwerben kann.

Keine Klasse der bürgerlichen Gesellschaft kann diese Rolle spielen, ohne ein Moment des Enthusiasmus in sich und in der Masse hervorzurufen, ein Moment, worin sie mit der Gesellschaft im allgemeinen fraternisiert und zusammenfließt, mit ihr verwechselt und als deren *allgemeiner Repräsentant* empfunden und anerkannt wird, ein

* Friedrich Wilhelm IV.

Moment, worin ihre Ansprüche und Rechte in Wahrheit die Rechte und Ansprüche der Gesellschaft selbst sind, worin sie wirklich der soziale Kopf und das soziale Herz ist. Nur im Namen der allgemeinen Rechte der Gesellschaft kann eine besondere Klasse sich die allgemeine Herrschaft vindizieren. Zur Erstürmung dieser emanzipatorischen Stellung und damit zur politischen Ausbeutung aller Sphären der Gesellschaft im Interesse der eignen Sphäre reichen revolutionäre Energie und geistiges Selbstgefühl allein nicht aus. Damit die *Revolution eines Volkes* und die *Emanzipation einer besondern Klasse* der bürgerlichen Gesellschaft zusammenfallen, damit *ein* Stand für den Stand der ganzen Gesellschaft gelte, dazu müssen umgekehrt alle Mängel der Gesellschaft in einer andern Klasse konzentriert, dazu muß ein bestimmter Stand der Stand des allgemeinen Anstoßes, die Inkorporation der allgemeinen Schranke sein, dazu muß eine besondre soziale Sphäre für das *notorische Verbrechen* der ganzen Sozietät gelten, so daß die Befreiung von dieser Sphäre als die allgemeine Selbstbefreiung erscheint. Damit *ein* Stand *par exeellence** der Stand der Befreiung, dazu muß umgekehrt ein andrer Stand der offenbare Stand der Unterjochung sein. Die negativ-allgemeine Bedeutung des französischen Adels und der französischen Klerisei bedingte die positiv-allgemeine Bedeutung der zunächst angrenzenden und entgegenstehenden Klasse der *Bourgeoisie.*

Es fehlt aber jeder besondern Klasse in Deutschland nicht nur die Konsequenz, die Schärfe, der Mut, die Rücksichtslosigkeit, die sie zum negativen Repräsen-

* im wahrsten Sinne des Wortes

tanten der Gesellschaft stempeln könnte. Es fehlt ebensosehr jedem Stande jene Breite der Seele, die sich mit der Volksseele, wenn auch nur momentan, identifiziert, jene Genialität, welche die materielle Macht zur politischen Gewalt begeistert, jene revolutionäre Kühnheit, welche dem Gegner die trotzige Parole zuschleudert: *Ich bin nichts, und ich müßte alles sein.* Den Hauptstock deutscher Moral und Ehrlichkeit, nicht nur der Individuen, sondern auch der Klassen, bildet vielmehr jener *bescheidene Egoismus*, welcher seine Beschränktheit geltend macht und gegen sich geltend machen läßt. Das Verhältnis der verschiedenen Sphären der deutschen Gesellschaft ist daher nicht dramatisch, sondern episch. Jede derselben beginnt sich zu empfinden und neben die andern mit ihren besondern Ansprüchen hinzulagern, nicht sobald sie gedrückt wird, sondern sobald ohne ihr Zutun die Zeitverhältnisse eine gesellige Unterlage schaffen, auf die sie ihrerseits den Druck ausüben kann. Sogar das *moralische Selbstgefühl der deutschen Mittelklasse* beruht nur auf dem Bewußtsein, die allgemeine Repräsentantin von der philisterhaften Mittelmäßigkeit aller übrigen Klassen zu sein. Es sind daher nicht nur die deutschen Könige, die *mal-à-propos** auf den Thron gelangen, es ist jede Sphäre der bürgerlichen Gesellschaft, die ihre Niederlage erlebt, bevor sie ihren Sieg gefeiert, ihre eigne Schranke entwickelt, bevor sie die ihr gegenüberstehende Schranke überwunden, ihr engherziges Wesen geltend macht, bevor sie ihr großmütiges Wesen geltend machen konnte, so daß selbst die Gelegenheit einer großen Rolle immer vorüber ist, bevor sie vorhanden war, so daß jede Klasse, sobald sie

* zur Unzeit

den Kampf mit der über ihr stehenden Klasse beginnt, in den Kampf mit der unter ihr stehenden verwickelt ist. Daher befindet sich das Fürstentum im Kampf gegen das Königtum, der Bürokrat im Kampf gegen den Adel, der Bourgeois im Kampf gegen sie alle, während der Proletarier schon beginnt, sich im Kampf gegen den Bourgeois zu befinden. Die Mittelklasse wagt kaum von ihrem Standpunkt aus den Gedanken der Emanzipation zu fassen, und schon erklärt die Entwickelung der sozialen Zustände wie der Fortschritt der politischen Theorie diesen Standpunkt selbst für antiquiert oder wenigstens für problematisch.

In Frankreich genügt es, daß einer etwas sei, damit er alles sein wolle. In Deutschland darf einer nichts sein, wenn er nicht auf alles verzichten soll. In Frankreich ist die partielle Emanzipation der Grund der universellen. In Deutschland ist die universelle Emanzipation *conditio sine qua non** jeder partiellen. In Frankreich muß die Wirklichkeit, in Deutschland muß die Unmöglichkeit der stufenweisen Befreiung die ganze Freiheit gebären. In Frankreich ist jede Volksklasse *politischer Idealist* und empfindet sich zunächst nicht als besondere Klasse, sondern als Repräsentant der sozialen Bedürfnisse überhaupt. Die Rolle des *Emanzipators* geht also der Reihe nach in dramatischer Bewegung an die verschiedenen Klassen des französischen Volkes über, bis sie endlich bei der Klasse anlangt, welche die soziale Freiheit nicht mehr unter der Voraussetzung gewisser, außerhalb des Menschen liegender und doch von der menschlichen Gesellschaft geschaffener Bedingungen verwirklicht, sondern vielmehr alle Bedingungen der menschlichen Existenz unter der Vor-

* unerläßliche Bedingung

aussetzung der sozialen Freiheit organisiert. In Deutschland dagegen, wo das praktische Leben ebenso geistlos als das geistige Leben unpraktisch ist, hat keine Klasse der bürgerlichen Gesellschaft das Bedürfnis und die Fähigkeit der allgemeinen Emanzipation, bis sie nicht durch ihre *unmittelbare* Lage, durch die *materielle* Notwendigkeit, durch ihre *Ketten selbst* dazu gezwungen wird.

Wo also die *positive* Möglichkeit der deutschen Emanzipation?

Antwort: In der Bildung einer Klasse mit *radikalen Ketten*, einer Klasse der bürgerlichen Gesellschaft, welche keine Klasse der bürgerlichen Gesellschaft ist, eines Standes, welcher die Auflösung aller Stände ist, einer Sphäre, welche einen universellen Charakter durch ihre universellen Leiden besitzt und kein *besondres Recht* in Anspruch nimmt, weil kein *besondres Unrecht*, sondern das *Unrecht schlechthin* an ihr verübt wird, welche nicht mehr auf einen *historischen*, sondern nur noch auf den *menschlichen* Titel provozieren kann, welche in keinem einseitigen Gegensatz zu den Konsequenzen, sondern in einem allseitigen Gegensatz zu den Voraussetzungen des deutschen Staatswesens steht, einer Sphäre endlich, welche sich nicht emanzipieren kann, ohne sich von allen übrigen Sphären der Gesellschaft und damit alle übrigen Sphären der Gesellschaft zu emanzipieren, welche mit einem Wort der *völlige Verlust* des Menschen ist, also nur durch die *völlige Wiedergewinnung des Menschen* sich selbst gewinnen kann. Diese Auflösung der Gesellschaft als ein besonderer Stand ist das *Proletariat*.

Das Proletariat beginnt erst durch die hereinbrechende *industrielle* Bewegung für Deutschland zu werden, denn nicht die *naturwüchsig entstandne*, sondern die *künstlich produzierte* Armut, nicht die mechanisch durch die Schwere der Gesellschaft niedergedrückte, sondern die aus ihrer *akuten Auflösung*, vorzugsweise aus der Auflösung des Mittelstandes, hervorgehende Menschenmasse bildet das Proletariat, obgleich allmählich, wie sich von selbst versteht, auch die naturwüchsige Armut und die christlich-germanische Leibeigenschaft in seine Reihen treten.

Wenn das Proletariat die *Auflösung der bisherigen Weltordnung* verkündet, so spricht es nur das *Geheimnis seines eignen Daseins* aus, denn es ist die *faktische* Auflösung dieser Weltordnung. Wenn das Proletariat die *Negation des Privateigentums* verlangt, so erhebt es nur zum *Prinzip der Gesellschaft*, was die Gesellschaft zu *seinem* Prinzip erhoben hat, was in *ihm* als negatives Resultat der Gesellschaft schon ohne sein Zutun verkörpert ist. Der Proletarier befindet sich dann in bezug auf die werdende Welt in demselben Recht, in welchem der *deutsche König* in bezug auf die gewordene Welt sich befindet, wenn er das Volk *sein* Volk wie das Pferd *sein* Pferd nennt. Der König, indem er das Volk für sein Privateigentum erklärt, spricht es nur aus, daß der Privateigentümer König ist.

Wie die Philosophie im Proletariat ihre *materiellen*, so findet das Proletariat in der Philosophie seine *geistigen* Waffen, und sobald der Blitz des Gedankens gründlich in diesen naiven Volksboden eingeschlagen ist, wird sich die Emanzipation der *Deutschen* zu *Menschen* vollziehn.

Resümieren wir das Resultat:

Die einzig *praktisch* mögliche Befreiung Deutschlands ist die Befreiung auf dem Standpunkt *der* Theorie, welche den Menschen für das höchste Wesen des Menschen erklärt. In Deutschland ist die Emanzipation von dem *Mittelalter* nur möglich als die Emanzipation zugleich von den *teilweisen* Überwindungen des Mittelalters. In Deutschland kann *keine* Art der Knechtschaft gebrochen werden, ohne *jede* Art der Knechtschaft zu brechen. Das *gründliche* Deutschland kann nicht revolutionieren, ohne *von Grund aus* zu revolutionieren. Die *Emanzipation des Deutschen* ist die *Emanzipation des Menschen*. Der *Kopf* dieser Emanzipation ist die *Philosophie*, ihr *Herz* das *Proletariat*. Die Philosophie kann sich nicht verwirklichen ohne die Aufhebung des Proletariats, das Proletariat kann sich nicht aufheben ohne die Verwirklichung der Philosophie.

Wenn alle innern Bedingungen erfüllt sind, wird der *deutsche Auferstehungstag* verkündet werden durch das *Schmettern des gallischen Hahns*.

MEW 1, S. 378–391

Abschweifung
(über produktive Arbeit)

Ein Philosoph produziert Ideen, ein Poet Gedichte, ein
Pastor Predigten, ein Professor Kompendien usw. Ein
Verbrecher produziert Verbrechen. Betrachtet man näher
den Zusammenhang dieses letztren Produktionszweigs
mit dem Ganzen der Gesellschaft, so wird man von vielen
Vorurteilen zurückkommen. Der Verbrecher produziert
nicht nur Verbrechen, sondern auch das Kriminalrecht
und damit auch den Professor, der Vorlesungen über das
Kriminalrecht hält, und zudem das unvermeidliche Kompendium, worin dieser selbe Professor seine Vorträge als
»Ware« auf den allgemeinen Markt wirft. Damit tritt Vermehrung des Nationalreichtums ein. Ganz abgesehn von
dem Privatgenuß, den, wie uns ein kompetenter Zeuge,
Prof. Roscher, [sagt,] das Manuskript des Kompendiums
seinem Urheber selbst gewährt.

Der Verbrecher produziert ferner die ganze Polizei und
Kriminaljustiz, Schergen, Richter, Henker, Geschworene
usw.; und alle diese verschiednen Gewerbszweige, die
ebenso viele Kategorien der gesellschaftlichen Teilung der
Arbeit bilden, entwickeln verschiedne Fähigkeiten des
menschlichen Geistes, schaffen neue Bedürfnisse und
neue Weisen ihrer Befriedigung. Die Tortur allein hat zu
den sinnreichsten mechanischen Erfindungen Anlaß ge-

geben und in der Produktion ihrer Werkzeuge eine Masse ehrsamer Handwerksleute beschäftigt.

Der Verbrecher produziert einen Eindruck, teils moralisch, teils tragisch, je nachdem, und leistet so der Bewegung der moralischen und ästhetischen Gefühle des Publikums einen »Dienst«. Er produziert nicht nur Kompendien über das Kriminalrecht, nicht nur Strafgesetzbücher und damit Strafgesetzgeber, sondern auch Kunst, schöne Literatur, Romane und sogar Tragödien, wie nicht nur Müllners »Schuld« und Schillers »Räuber«, sondern selbst »Ödipus« und »Richard der Dritte« beweisen.

Der Verbrecher unterbricht die Monotonie und Alltagssicherheit des bürgerlichen Lebens. Er bewahrt es damit vor Stagnation und ruft jene unruhige Spannung und Beweglichkeit hervor, ohne die selbst der Stachel der Konkurrenz abstumpfen würde. Er gibt gibt so den produktiven Kräften einen Sporn. Während das Verbrechen einen Teil der überzähligen Bevölkerung dem Arbeitsmarkt entzieht und damit die Konkurrenz unter den Arbeitern vermindert, zu einem gewissen Punkt den Fall des Arbeitslohns unter das Minimum verhindert, absorbiert der Kampf gegen das Verbrechen einen andern Teil derselben Bevölkerung. Der Verbrecher tritt so als eine jener natürlichen »Ausgleichungen« ein, die ein richtiges Niveau herstellen und eine ganze Perspektive »nützlicher« Beschäftigungszweige auftun.

Bis ins Detail können die Einwirkungen des Verbrechers auf die Entwicklung der Produktivkraft nachgewiesen werden. Wären Schlösser je zu ihrer jetzigen Vollkommenheit gediehn, wenn es keine Diebe gäbe? Wäre die Fabrikation von Banknoten zu ihrer gegenwärtigen

Vollendung gediehn, gäbe es keine Falschmünzer? Hätte das Mikroskop seinen Weg in die gewöhnliche kommerzielle Sphäre gefunden (siehe Babbage) ohne Betrug im Handel? Verdankt die praktische Chemie nicht ebensoviel der Warenfälschung und dem Bestreben, sie aufzudecken, als dem ehrlichen Produktionseifer? Das Verbrechen, durch die stets neuen Mittel des Angriffs auf das Eigentum, ruft stets neue Verteidigungsmittel ins Leben und wirkt damit ganz so produktiv wie strikes auf Erfindung von Maschinen. Und verläßt man die Sphäre des Privatverbrechens: Ohne nationale Verbrechen, wäre je der Weltmarkt entstanden? Ja, auch nur Nationen? Und ist der Baum der Sünde nicht zugleich der Baum der Erkenntnis seit Adams Zeiten her? Mandeville in seiner »Fable of the Bees« (1705) hatte schon die Produktivität aller möglichen Berufsweisen usw. bewiesen und überhaupt die Tendenz dieses ganzen Arguments:

»Das, was wir in dieser Welt das Böse nennen, das moralische so gut wie das natürliche, ist das große Prinzip, das uns zu sozialen Geschöpfen macht, die feste Basis, *das Leben und die Stütze aller Gewerbe und Beschäftigungen* ohne Ausnahme; hier haben wir den wahren Ursprung aller Künste und Wissenschaften zu suchen; und in dem Moment, da das Böse aufhörte, müßte die Gesellschaft verderben, wenn nicht gar gänzlich untergehen.«

Nun war Mandeville natürlich unendlich kühner und ehrlicher als die philisterhaften Apologeten der bürgerlichen Gesellschaft.

MEW 26.1, S. 363 f.

Anmerkungen

Zitate von Marx und Engels folgen, soweit nicht anders angegeben, der sechsbändigen Ausgabe der Ausgewählten Werke, Berlin 1970 (MEAW) oder der Werkausgabe, Berlin 1956–1968 (MEW).

1 Zitiert nach Francis Wheen: Karl Marx. München 2001.

2 Brauchen wir einen Marx für das einundzwanzigste Jahrhundert? FAZ, 4. September 2002.

3 Robert Skidelsky: What's Left of Marx. In: New York Review of Books, 16. November 2000.

4 Michael Hardt / Kathi Weeks: The Jameson Reader. Oxford 2000, S. 2.

5 Friedrich Engels: Ludwig Feuerbach und der Ausgang der klassischen deutschen Philosophie. MEAW 6, S. 297 f.

6 Michael Hardt / Antonio Negri: Empire. Die neue Weltordnung. Frankfurt a. M. / New York 2000.

7 Manuel Castells: Das Informationszeitalter. Band 1: Die Netzwerkgesellschaft. Opladen 2002, S. 527.

8 Isaiah Berlin: Karl Marx. Sein Leben und sein Werk. München 1959, S. 7.

9 Juli Zeh: Das Gregor-Prinzip. In: Der Spiegel 45/2002.

10 Hardt / Negri: Empire, S. 285.

11 Mark Siemons: Jenseits des Aktenkoffers. Vom Wesen des neuen Angestellten. München 1997.

12 Alle Zitate nach: Hans Magnus Enzensberger: Gespräche mit Marx und Engels. Frankfurt a. M. 1981.

13 Herbert Marcuse: Neue Quellen zur Grundlegung des Historischen Materialismus. In: Marcuse: Ideen zu einer kritischen Theorie der Gesellschaft. Frankfurt a. M. 1969, S. 18.

14 Konrad Paul Liessmann: Karl Marx *1818 †1989. Man stirbt nur zweimal. Wien 1992, S. 54.

15 Wheen: Karl Marx, S. 91.

16 Marcuse: Neue Quellen, S. 32:

17 Louis Althusser: Marxismus und Humanismus. In: Althusser: Für Marx. Frankfurt a. M. 1968, S. 179.

18 Karl Marx: Grundrisse der Kritik der politischen Ökonomie. Moskau 1939/41, S. 79.

19 Ebenda, S. 374.

20 Ebenda, S. 357.

21 Friedrich Engels: Zur Geschichte des Bundes der Kommunisten. MEAW 6, S. 241.

22 Das Kommunistische Manifest. Editionsbericht von Thomas Kuczynski. In: Schriften aus dem Karl-Marx-Haus. Trier 1995, S. 44.

23 Eric Hobsbawm: Das Kommunistische Manifest. In: Hobsbawm u. a. Das Manifest – heute. Hamburg 1998, S. 11.

24 Richard Rorty: Das Kommunistische Manifest. 150 Jahre danach. Frankfurt a. M. 1998, S. 24.

25 Franz Mehring: Karl Marx: Geschichte seines Lebens. Berlin 1960, S. 155.

26 Hobsbawm: Das Kommunistische Manifest, S. 18.

27 Berlin: Karl Marx, S. 122.

28 In einer späteren Würdigung Proudhons schreibt Marx, dessen Hauptverdienst sei die »starke Muskulatur des Stils«. Daran ist erkennbar, wieviel Bedacht Marx – im Unterschied zu vielen heutigen sozialwissenschaftlichen Autoren – auf Fragen der literarischen Eleganz legte. MEAW 3, S. 26.

29 Theodor W. Adorno: Reflexionen zur Klassentheorie. In: Adorno: »Ob nach Auschwitz noch sich leben lasse«. Ein philosophisches Lesebuch. Hrsg. von Rolf Tiedemann, Frankfurt a. M. 1997, S. 134.

30 Hans-Ulrich Wehler: Deutsche Gesellschaftsgeschichte 1818–1845/49. München 1987, S. 241 ff.

31 Der Begriff selbst wurde von der sozialkritischen Publizistik erst im Laufe der dreißiger Jahre aus dem Französischen importiert.

32 Vgl. hierzu auch: Georges Labica: Welche theoretischen und praktischen Erkenntnisse bleiben. In: Das Manifest – heute, S. 82 f.

33 Wheen: Karl Marx, S. 124.

34 Siehe Alexandre Kojève: Hegel. Eine Vergegenwärtigung seines

Denkens. Kommentar zur Phänomenologie des Geistes. Frankfurt a. M. 1975.

35 Karl Marx: Das Elend der Philosophie. Antwort auf Proudhons »Philosophie des Elends«. MEAW 1, S. 298.

36 Siehe Walter Benjamin: Gesammelte Schriften. Bd. II.2. Frankfurt a. M. 1980, S. 665.

37 Friedrich Engels / Karl Marx: Die heilige Familie oder Kritik der kritischen Kritik. MEAW 1, S. 113 f.

38 Carl Schmitt: Die geistesgeschichtliche Lage des heutigen Parlamentarismus. Berlin 1996, S. 71 f. Siehe auch Jorge E. Dotti: From Karl to Carl. Schmitt as a Reader of Marx. In: Chantal Mouffe: The Challenge of Carl Schmitt. London 1999.

39 Liessmann: Karl Marx, S. 65.

40 Louis Althusser: Philosophie und spontane Philosophie der Wissenschaftler. Berlin 1985, S. 112.

41 Donald Sassoon: One Hundred Years of Socialism. The Westeuropean Left in the Twentieh Century. London 1997, S. 7.

42 John Maynard Keynes: The General Theory of Employment, Interest and Money. Cambridge 1973, S. 32 f.

43 Antonio Gramsci: Unser Marx. In: Antonio Gramsci – vergessener Humanist? Eine Anthologie. Berlin 1991, S. 36.

44 Siehe Liessmann: Karl Marx, S. 45.

45 Karl Marx / Friedrich Engels: Briefe über »Das Kapital«. Berlin (Ost) 1985, S. 78.

46 Cornelius Castoriadis: Gesellschaft als illusionäre Institution. Entwurf einer politischen Philosophie. Frankfurt a. M. 1990, S. 52.

47 Albert Camus: Der Mensch in der Revolte. Reinbek 1969, S. 281.

48 Marx: Grundrisse, S. 77.

49 Althusser: Für Marx, S. 163.

50 Antonio Gramsci: Gefängnishefte. Bd. 6, Hamburg 1994, S. 1386.

51 Ebenda, S. 1279.

52 Marx/Engels: Briefe über »Das Kapital«, S. 299.

53 Gerald A. Cohen: Gleichheit ohne Gleichgültigkeit. Politische Philosophie und individuelles Verhalten. Hamburg 2001, S. 83.

54 Ebenda, S. 161.

55 Ebenda, S. 165.

56 Ebenda, S. 151.

57 Ebenda, S. 210.

58 Ebenda, S. 117.

59 Stephen Bronner: Augenblicke der Entscheidung. Politische Geschichte und die Krisen der radikalen Linken. Frankfurt a. M. 2000, S. 228.

60 Berlin: Karl Marx, S. 117.

61 Zitiert nach Mehring: Karl Marx, S. 222.

62 Zitiert nach Werner Ross: Baudelaire und die Moderne. Porträt einer Wendezeit. München 1993.

63 Wheen: Karl Marx, S. 186.

64 Ebenda, S. 194.

65 Mehring: Karl Marx, S. 217.

66 Ebenda, S. 215.

67 Wheen: Karl Marx, S. 217.

68 Ebenda, S. 220.

69 Ebenda, S. 222.

70 Marx/Engels: Briefe über »Das Kapital«, S. 118.

71 Ebenda, S. 179.

72 Ebenda, S. 180.

73 Mehring: Karl Marx, S. 441.

74 Wheen: Karl Marx, S. 149.

75 Marx: Grundrisse, S. 287.

76 Bertolt Brecht: Tagebücher 1920–1922. Autobiographische Aufzeichnungen 1920–1954. Berlin (Ost) 1976, S. 205 f.

77 Bertolt Brecht: Stücke. Bd. IV, Berlin (Ost) 1956, S. 126.

78 Eine detaillierte Analyse des Fondsprinzips habe ich versucht in: Zur unpolitischen Ökonomie des Rentners. Pensionsfonds – ein Phänomen des neuesten Kapitalismus. In: Merkur 582/583, Stuttgart 1997.

79 Siehe Michel Foucault: Die Maschen der Macht. In: Freibeuter, Nr. 63, Berlin 1995.

80 Niklas Luhmann: Die Politik der Gesellschaft. Frankfurt a. M. 2002, S. 168.

81 Ebenda, S. 128.

82 Antonio Gramsci: Die Revolution gegen das »Kapital«. In: Gramsci – vergessener Humanist, S. 32.

83 Marx / Engels: Briefe über »Das Kapital«, S. 144.

84 Marx: Grundrisse, S. 75.

85 Marx / Engels: Briefe über »Das Kapital«, S. 223.

86 Karl Marx: Inauguraladresse der Internationalen Arbeiter-Assoziation. MEAW 3, S. 15.

87 Marx / Engels: Briefe über »Das Kapital«, S. 167.

88 Marx: Grundrisse, S. 170.

89 Ebenda, S. 174.

90 Skidelsky: What's Left of Marx.

91 Wheen: Karl Marx, S. 362.

92 Zitiert nach Ernst Theodor Mohl: Anmerkungen zur Marx-Rezeption. In: Folgen einer Theorie. Essays über »Das Kapital« von Karl Marx. Frankfurt a. M. 1967, S. 21.

93 Antonio Gramsci: Gefängnishefte. Bd 4, Hamburg 1992, S. 888.

94 Marx: Grundrisse, S. 13.

95 Ebenda, S. 257.

96 Ebenda, S. 180.

97 Ebenda, S. 322.

98 Ebenda, S. 198.

99 Siehe Bertolt Brecht: Arbeitsjournal. Bd. 1. Frankfurt a. M. 1993, S. 218.

100 Friedrich Engels: Brief an Joseph Bloch. MEAW 6, S. 556.

101 Louis Althusser / Etienne Balibar: Das Kapital lesen. Bd. 2. Reinbek 1972, S. 260.

102 Berlin: Karl Marx, S. 174.

103 Marx / Engels: Briefe über »Das Kapital«, S. 233.

104 Eric J. Hobsbawm: Die Blütezeit des Kapitals. Eine Kulturgeschichte der Jahre 1848–1875. Frankfurt a. M. 1980.

105 Ebenda, S. 15.

106 Karl Marx: Der Bürgerkrieg in Frankreich. Adresse des Generalrats der internationalen Arbeiterassoziation. MEAW 4. S, 78.

107 Eric Voegelin: Die Größe Max Webers. In: Voegelin: Ordnung, Bewußtsein, Geschichte. Stuttgart 1988, S. 78.

108 Liessmann: Karl Marx, S. 35.

109 Lucien Febvre: Kapitalismus und Reformation. In: Febvre: Das Gewissen des Historikers. Berlin 1988, S. 117.

110 Terry Eagleton: Ideologie. Eine Einführung. Stuttgart / Weimar 2000, S. 8.

111 Siehe Karl Mannheim: Ideologie und Utopie. Frankfurt a. M. 1985, S. 49 ff.

112 Georg Lukács: Was ist orthodoxer Marxismus? In: Lukács: Geschichte und Klassenbewußtsein. Darmstadt/Neuwied 1968, S. 58.

1818 5. Mai: Karl Marx wird in Trier als Sohn des Rechtsanwaltes Heinrich Marx und seiner Frau Henriette
geboren.

1835 Nach den Kindheits- und Schuljahren in Trier stu-
diert Marx Jura, Geschichte und Philosophie in
Bonn.

1836 Marx verlobt sich heimlich mit Jenny von Westphalen. Im Oktober reist er nach Berlin, um an der dor-
tigen Universität sein Studium fortzusetzen.

1837 Marx verkehrt im »Doktorklub« mit den Berliner
Junghegelianern.

1841 Marx reicht seine Dissertation an der Universität
Jena ein und wird umgehend zum Doktor der Philosophie promoviert.

1842 Marx läßt sich in Köln nieder. Er wird Redakteur,
später Chefredakteur der »Rheinischen Zeitung«.

1843 Nachdem Marx das Redakeursamt bei der »Rheinischen Zeitung« niedergelegt hat, geht er im Herbst
nach Paris. Dazwischen liegt die Hochzeit mit
Jenny von Westphalen – nunmehr Jenny Marx.
Erste Begegnung mit Heinrich Heine. Arbeit an
den »Deutsch-Französischen Jahrbüchern«, gemeinsam mit Arnold Ruge. Marx verfaßt dafür den

Aufsatz »Zur Kritik der Hegelschen Rechtsphilosphie. Einleitung«.

1844 Beginn der Freundschaft mit Friedrich Engels. Arbeit an den »Pariser Manuskripten«.

1. Mai: Geburt von Marx' erstem Kind – der Tochter Jenny.

1845 Februar: Nach der Ausweisung aus Paris Übersiedlung nach Brüssel. Auch Engels läßt sich in der belgischen Hauptstadt nieder. Marx und Engels verfassen »Die heilige Familie« und beginnen mit der Arbeit an der »Deutschen Ideologie«. Im Sommer machen sie eine gemeinsame Studienreise nach England. Im September wird Marx' Tochter Laura geboren. Marx gibt seine Preußische Staatsbürgerschaft zurück.

1847 Marx' polemisches Pamphlet »Das Elend der Philosophie« erscheint in Brüssel – eine Schmähschrift gegen Pierre-Joseph Proudhon. Im Februar kommt sein Sohn Edgar zur Welt. Ende des Jahres tritt Marx in den Bund der Kommunisten ein und nimmt an dessen 2. Kongreß in London teil. Er erhält den Auftrag, ein Manifest des Bundes zu verfassen.

1848 Februar: Das »Manifest der Kommunistischen Partei« erscheint, kurz nach dem Beginn der Revolution, die sich von Frankreich aus auf weite Teile Europas ausweitet. Marx wird aus Brüssel ausgewiesen und geht mit seiner Familie nach Paris. Doch schon nach kurzer Zeit zieht es ihn nach Köln, wo er die »Neue Rheinische Zeitung« aus der Taufe hebt.

1849 Die Zensur erschwert die Herausgabe der Zeitung, im Mai wird sie eingestellt. Die Behörden weisen

Marx aus. Er geht mit seiner Familie erst nach Paris, dann nach London. Fünf Tage später trifft auch Friedrich Engels in der britischen Hauptstadt ein. Im November kommt Marx' Sohn Guido zu Welt.

1850 Von schweren Geldsorgen geplagt, organisiert Marx das Exilantenleben seiner Familie. Im Sommer besucht er erstmals den Lesesaal des British Museum. Im Herbst nimmt er seinen Plan wieder auf, eine große Kritik der politischen Ökonomie zu schreiben. Er wird Stammgast im British Museum. Sein Sohn Guido stirbt im November überraschend an Meningitis.

1851 Marx widmet sich seinen ökonomischen Exzerpten – unterbrochen freilich durch seine Arbeit an dem polemisch-historischen Essay »Der 18. Brumaire des Louis Bonaparte«. Im März erblickt Marx' dritte Tochter, Franziska, das Licht der Welt. Marx wird Mitarbeiter der »New York Daily Tribune«.

1852 Marx' Tochter Franziska stirbt. Die finanzielle Lage der Familie ist bedrückend.

1855 Marx' Tochter Eleanor wird geboren, sein Sohn Edgar stirbt.

1857 Jenny Marx ist abermals schwanger, das Neugeborene stirbt aber bald nach der Geburt.

1859 Marx' lange erwartete Schrift »Zur Kritik der Politischen Ökonomie« erscheint. Aber außer einem später berühmt gewordenen Vorwort enthält es nur langatmige Vorstudien. Seine Freunde und Anhänger sind enttäuscht.

1861 Marx reist erstmals wieder nach Deutschland, läßt sich einen Teil seines Erbes ausbezahlen und macht in Berlin als Gast Lassalles Station. Nach seiner Rückkehr nach London nimmt er die Arbeit an seinen ökonomischen Studien wieder auf.

1862 Marx beginnt mit der eigentlichen Arbeit am »Kapital«.

1863 Marx' Mutter stirbt. Er fährt zum Begräbnis nach Trier.

1864 Marx nimmt an der Gründung der Internationalen Arbeiter-Assoziation, der Ersten Internationale, teil und schreibt deren Gründungsdokumente. Erste Begegnung mit Bakunin seit 16 Jahren.

1865 Die Arbeit am »Kapital« kommt voran.

1866 Marx sendet die ersten Teile der Reinschrift des »Kapital« an seinen Verleger nach Deutschland.

1867 Im Frühjahr stellt Marx die Druckvorlage zum »Kapital« fertig. Im Herbst erscheint sein Hauptwerk in einer Auflage von 1000 Stück.

1868 Trotz mehrerer Erbschaften ist Marx' finanzielle Lage angespannt wie eh und je. Engels hilft mit mehreren Zuschüssen.

1869 Marx begibt sich auf ausgedehnte Reisen.

1870 Marx setzt die Arbeit am »Kapital« fort. Es entstehen jene Manuskripte, die posthum als Band 2 des »Kapital« erscheinen werden. Engels gibt seine Anstellung in der Textilfirma seines Vaters auf und zieht von Manchester nach London. Die Freunde sehen sich von nun an beinahe täglich.

1871 Deutsch-Französischer Krieg, danach Aufstand in Paris. Die Pariser Commune wird zum Fanal, die

Internationale spielt dabei eine wichtige Rolle. Marx wird als »roter Kommunistendoktor« weltberühmt. Er verfaßt die Schrift »Der Bürgerkrieg in Frankreich«.

1872 Marx arbeitet am »Kapital« und unterzieht sich in Karlsbad einer Kur.

1875 Marx reist abermals nach Karlsbad.

1876 Neuerliche Reise nach Karlsbad.

1877 Marx' Lungenkrankheit schränkt seine Arbeitsfähigkeit zunehmend ein.

1879 Marx' Gesundheitszustand verbietet ihm jede Arbeit, seine Frau Jenny ist ebenfalls ernsthaft krank.

1880 Marx nimmt die Arbeit am »Kapital« wieder auf.

1881 Der Gesundheitszustand von Marx verschlechtert sich erneut, seine Frau Jenny stirbt an Leberkrebs.

1882 Marx ist schwer krank. Auf der Suche nach einem Klima, das seinen angeschlagenen Lungen zuträglich ist, reist er nach Algerien, der Schweiz und Frankreich. Seine besonders geliebte Tochter Jenny erkrankt an Krebs.

1883 Jenny Marx stirbt. Marx erholt sich von diesem Schlag nicht mehr. Er stirbt zwei Monate später, am 14. März, in London. Marx wird auf dem Highgate Cemetery beigesetzt. Engels hält die Totenrede.